Ulf Lüdeke

ALLES, WAS JUNGS WISSEN MÜSSEN

Ulf Lüdeke

ALLES, WAS JUNGS WISSEN MÜSSEN

KNAUR

Besuchen Sie uns im Internet:
www.knaur.de

Die Folie des Schutzumschlags sowie die Einschweißfolie sind
PE-Folien und biologisch abbaubar.
Dieses Buch wurde auf chlor- und säurefreiem Papier gedruckt.

Ein Unternehmen der Droemerschen Verlagsanstalt
Th. Knaur Nachf. GmbH & Co. KG, München

Alle Illustrationen von Gisela Rüger.
Außer Computerkartographie Carrle
S. 29, 59, 60, 66, 67, 208, 235, 238, 239, 240.
Umschlaggestaltung: ZERO Werbeagentur, München
Umschlagfoto/-illustration: FinePic®, München
Layout und Satz: Daniela Nikel, Stockdorf
Druck und Bindung: CPI – Ebner & Spiegel, Ulm
Printed in Germany
ISBN 978-3-426-65465-1

2 4 5 3 1

Inhalt

PRAKTISCHE TIPPS & TRICKS

SPIEL UND SPASS

Die besten Sprünge fürs Schwimmbad

Arschbombe

Der Klassiker aller Klassiker, sogar von den Wasserschutzengeln der Deutschen Lebens-Rettungs-Gesellschaft (DLRG) als Sicherheitssprung in Gewässer mit geringer Tiefe empfohlen, da man zuerst mit den vier Buchstaben das Nass berührt und die Tauchtiefe niedrig wie bei sonst keinem anderen Sprung ist. Als Wettbewerbsdisziplin schon seit 300 Jahren bekannt unter dem Namen »Lele Pahu« auf Hawaii, wo als Bester galt, wer »wie eine Trommel tauchte«. Natürlich gibt es einen ganzen Sack voll Arschbomben-Varianten, die echte Kerle schon im Einschulalter vom 10-Meter-Turm unfallfrei (nach viel Übung am Einer, Dreier und Fünfer) und mit vielen Spritzern meistern.
Die drei besten Arschbomben sind:

Cannonball	Beine anwinkeln an Brust, Schienbein mit Armen umfassen
Yogi	Nach dem Absprung Beine zum Schneidersitz verkreuzen und Füße sowie Unterschenkel mit den Händen zusammenhalten
Offene Arschbombe	Oberschenkel zur Brust anziehen und mit den Armen umfassen, Füße leicht nach oben heben, Rücken leicht nach hinten

Engländer

Einbeinige Arschbombe: ein Bein bleibt lang nach unten gestreckt, das andere wird angewinkelt zur Brust hochgezogen und mit den Armen umfasst. Gut gesprungen, ergibt diese Variante eine schmale, aber sehr hohe Spritzwassersäule. Eignet sich hervorragend auch zum Nassspritzen, wenn man statt in die Höhe möglichst weit springt und den Rücken vor dem Eintauchen in Richtung der Spritzopfer neigt.

Krampe
Sieht ziemlich cool aus – aus dem Stand vom Beckenrand bis vom Zehner – und gibt die mächtigsten und schönsten Fontänen; Körperhaltung beim Absprung ähnlich wie beim Köpper, natürlich wird eher nach oben als nach vorn abgesprungen; kurz vor dem Eintauchen Körper wie ein Klappmesser halb zusammenklappen.

Tonne
Ein etwas höher gesprungener Köpper, bei dem man sich vor dem Eintauchen zusammenrollt.

Die besten Skateboard-Tricks

Wer anfängt, richtige Sprünge mit dem Skateboard zu testen, sollte sich am besten gute Handschuhe, einen Fahrradhelm, Knie-, Ellbogen- und Handgelenkschützer besorgen und knöchelhohe Schuhe anziehen. Da Skateboarden in den USA erfunden wurde und fast niemand die englischen Fachausdrücke übersetzt, ist es besser, du gewöhnst dich sofort daran!

Grundstellung
Mit dem vorderen Fuß wird geführt. Er soll beim Anschieben mit den Zehen bis zu den Schrauben der Vorderachse des Decks (Oberseite des Bretts) reichen. Mit dem

hinteren Fuß Schwung nehmen. Wenn du schnell genug bist, hinteren Fuß seitlich zur Fahrtrichtung auf *Tail* (den Schwanz des Bretts) stellen. Vorderen Fuß dann ebenfalls seitlich zur Fahrtrichtung aufsetzen. Grundregel: Die Fußspitzen sollen nie über die Kante des Bretts hinauszeigen, sondern genau mit ihr abschließen.

Kurven fahren und bremsen

Beim Fahren stets leicht in die Knie gehen. Die Richtung wird am leichtesten durch Drücken der Fußspitzen oder Hacken auf die Kanten des Bretts gesteuert. Wer seinen rechten Fuß vorn hat, fährt *goofy*, beim linken heißt es *regular*. Vor dem Absteigen den vorderen Fuß wieder in Fahrtrichtung drehen, mit dem hinteren zuerst vom Brett runter! Ist es fürs Bremsen zu spät, mit beiden Füßen gleichzeitig vom Brett springen. Mit Judorollen auf dem Rasen kannst du trainieren, wie man einen Sturz abfängt, ohne sich zu sehr weh zu tun.

Wheelie

Fahren auf den Vorder- oder Hinterrädern. Anlauf nehmen, vorderen oder hinteren Fuß auf *Nose* (Nase des Bretts) oder *Tail* stellen, leicht in die Knie gehen und Körpergewicht so nach vorn oder hinten verlagern, dass das Brett hinten oder vorne hochgeht und man auf zwei Rädern weiterfährt. Sehr gute Gleichgewichtsübung!

Ollie

Ohne den Ollie geht bei Skateboard-Sprüngen nichts – er ist der Basissprung. Mit ihm kannst du auf dem Board (Brett) über ein kleines *Obstacle* (Hindernis, z. B. anderes Skateboard) springen. Mittleren Anlauf nehmen und leicht seitwärts aufs Board stellen. Ballen des hinteren

Fußes auf den *Tail*, vorderen Fuß in die Mitte. Kurz vor dem Hindernis Knie leicht beugen, Board *poppen* (mit dem hinterem Fuß *Tail* fast auf Boden drücken) und dann hochspringen, wobei der hintere Fuß hochgezogen und gleichzeitig mit dem vorderen Fuß versucht werden muss, beim Aufsteigen das Board an der *Nose* in der Luft wieder in die Waagerechte zu dirigieren. Wenn alles glatt läuft, stehst du auf dem höchsten Punkt des Ollies mittig auf dem waagerechten Board. Bei der Landung sollte der hintere Fuß auf dem *Tail*, der vordere genau über der Vorderachse stehen. Leicht in die Knie gehen, um beim Aufsetzen abzufedern. Wer das noch nie gemacht hat, probiert es am besten zunächst so lange ohne Hindernis im Stand, bis es klappt.

Tailslide
Bei diesem schon recht kniffeligen Kunststück, für das man den Ollie im Schlaf können muss, springt man mit dem Brett zum Beispiel auf eine Treppenkante, um dann auf dem *Tail* über sie zu *sliden* (gleiten). Schräg auf das *Curb* (Objekt, auf dem man gleiten kann) zufahren – *regular*, wer von rechts kommt, *goofy*, wer von links. Wie beim Ollie das Board *poppen*. Mit vorderem Fuß *Nose* des Bretts vom *Curb* wegdrehen, mit dem hinteren *Tail* möglichst so landen, dass es fast vollständig auf der Kante sitzt und *slidet*. Beim *Sliden* wird der hintere Fuß natürlich nun zum vorderen. Wichtig ist, beim Aufspringen auf

das *Curb* leicht gehockt zu bleiben und den Oberkörper so ruhig wie möglich zu halten, da du sonst leicht nach vorne oder hinten abschmierst. Wenn die Strecke zu lang ist, um vom anderen Ende runterzu*slappen* (runterrutschen), *popp* das Board doch einfach mit einem Ollie vom *Curb* …

Kickflip
Das Brett wird in der Luft durch einen Fuß einmal um die Längsachse gedreht (wie Tailslide nur für Geübte). Grundstellung und Absprung wie beim Ollie, nur der vordere Fuß sollte etwas weiter und möglichst nah an der Kante des Boards stehen. Nach dem Absprung kommt der wichtigste Moment dieses Sprungs: Der vordere Fuß muss mit den Zehenspitzen dem Brett an der Seitenkante den Drall geben, damit es sich um die Längsachse dreht. Das geht am besten, indem du den Fuß leicht nach außen abknickst und über die Brettkante wegdrückst. Beine leicht anziehen, damit sich das Brett dreht, leicht in die Hocke gehen und sanft landen. Applaus!

Die besten Fußballtricks und -tipps

Innenspann, Vollspann, Außenspann
Die nützlichsten Tricks beherrscht schon, wer die Grundschuss-Techniken kann. Sie werden aber nicht gelingen, wenn das Ballgefühl fehlt. Deshalb jede Gelegenheit nutzen, um den Innen-, Voll- und Außenspannstoß zu trainieren. Zu zweit macht es mehr Spaß, kann aber auch gut allein an einer Wand trainiert werden, Entfernung etwa 5 Meter. Den Ball so oft wie möglich hintereinander mit demselben Spann annehmen: flach schießen und flach annehmen, hoch schießen und Volley (im Flug) annehmen

(inklusive Dropkick – der Schuss erfolgt erst, kurz nachdem der Ball vom Boden wieder aufspringt). Bei Außen- oder Innenvolley neben den geraden Schüssen unbedingt auch Effet-Schüsse üben, dem Ball also eine Drehung geben. Beim Effet zeigt die Fußspitze nicht nach unten, sondern ist nur leicht nach innen oder außen gedreht – wichtig zum Beispiel für »Bananenflanken«, mit denen man bei einem Eckstoß direkt ins Tor schießen kann. Die Übungen gelten natürlich für beide Füße und sollten auch mit Stoppen probiert werden.

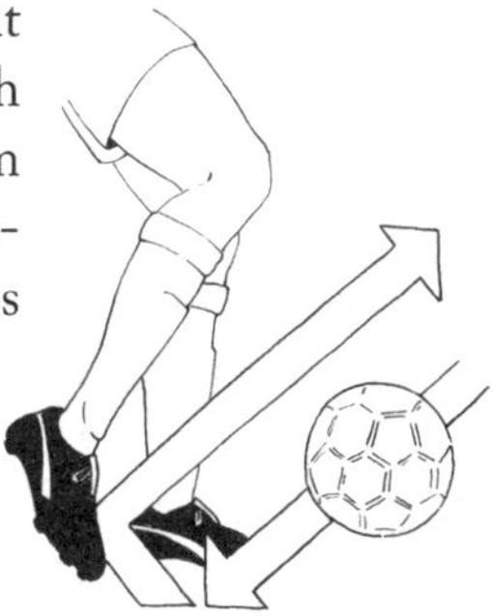

Kopfball
Keine Angst vorm Kopfball: Er tut nicht weh, wenn du ihn weder mit dem Scheitel noch mit der Nase spielst, sondern, wie es sich gehört, mit der oberen Stirn. Nur Mut! Und Augen offen lassen, sonst landet er dort, wo er nicht hinsoll.

Ballannahme
Am besten mit einem Freund üben: Ball hoch und flach zuspielen lassen, mit Füßen, Oberschenkeln, Brust oder Kopf annehmen (stehend stoppen; im Lauf möglichst ohne Stoppen annehmen und flüssig weiterspielen).

Elfmeter
Klingt eigentlich ganz einfach: Da der Torwart in der Mitte steht, bleiben zwei Ecken, um aus einem Strafstoß ein Tor zu machen. Deshalb Ecke vorher aussuchen, beim Anlauf Torwart täuschen, indem man in die eine Ecke schaut und im letzten Moment in die andere kickt. Es ist

aber leider nicht so einfach, die passende Lücke zwischen Torwart und Pfosten zu finden, ohne dass der Torwart schneller ist oder der Ball das Tor verfehlt. Also: Hütchen 1 Meter entfernt von den beiden Innenpfosten aufstellen und üben, Ball in den zwei Lücken zwischen Pfosten und Hütchen zu versenken.

Tippen / Danteln
Einer-Tippen mit Fangen: Ball leicht hochwerfen und mit dem Spann so nach oben tippen, dass der Ball gefangen werden kann, ohne die Position zu verändern. Das Gleiche mit Oberschenkel- und Kopfbällen wiederholen. Dauer-Tippen: Ball so lange wie möglich tippen, ohne dass er den Boden berührt (Spann, Oberschenkel, Kopf).

Figo-Flick
Richtungsfinte beim Angriff, benannt nach seinem Erfinder, dem portugiesischen Mittelfeldspieler Luís Figo. Wenn beim Angriff seitlich ein Gegenspieler zu nahe kommt, täuschst man mit dem Fuß, der auf der Gegenseite des Angreifers liegt, eine Flanke vor, führt den Schuss aber nicht aus, sondern lenkt den Ball mit schräg nach innen gestellter Fußspitze am Standbein vorbei auf die andere Seite und wechselt dorthin die Laufrichtung. Ist nicht so schwierig, wie es klingt, muss aber vor dem Zaubern im Spiel allein gut geübt werden.

Maradona-Flick
Show-Einlage vom Ball-Magier Diego Armando Maradona, die nur für liegenden Ball oder langsames Tempo geeignet ist. Mit dem Spielbein am Ball vorbei kurzen Schwung nach vorne holen und dann sofort mit der Hacke in Richtung Innenspann vom Standbein zurückschieben.

Der Innenfuß muss den Ball sofort aufnehmen und in einer fließenden Bewegung hoch nach vorn drücken, damit er weit genug vor dem Körper landet, um dort wieder aufgenommen zu werden.

Torwart-Abc

Mindestens die Hälfte der Bälle fischt jeder Tormann vor dem Netz weg, wenn er die Grundregel beachtet: Grundstellung, sowie der Gegner angreift. Das heißt: Blick zum Ball, Oberkörper leicht nach vorn, Beine schulterbreit geöffnet.

Was er bei einem Angriff auf sein Tor nie tun sollte: Beine zu weit öffnen oder mit den Sohlen komplett auf dem Boden stehen, was schnelle Reaktionen und Bewegungen erschwert. Und Schnelligkeit ist für den Torwart alles!

Mannschaft laut und deutlich auf Lücken in der Verteidigung hinweisen.

Ball – wo möglich – vor dem Körper fangen und mit den Händen abfedernd zum Körper ziehen. Wenn der Angreifer die Abwehr überrumpelt und in den Strafraum eindringt, raus aus dem Tor und ihm entgegen, um seine Schusswinkel zu verkürzen. Ansonsten: Hechten, hechten, hechten üben!

Drei heiße Fahrradtipps

Wie man einen Wheelie macht

Mit dem Lenker das Vorderrad hochzureißen und mehrere Meter nur auf dem Hinterrad fahren zu können, ist eine coole Sache. Muss allerdings gut geübt werden. Am besten auf leeren Plätzen oder Radwegen.

- Mittleren Gang einlegen
- Im Schritttempo anradeln
- Aufhören zu treten, die Pedale auf der Seite des kräftigeren Beins nach vorn stellen und Oberkörper leicht über Lenker beugen
- Gleichzeitig in die Pedale treten, mit den Armen Oberkörper vom Lenker abstoßen und Lenker nach oben reißen

Fällt das Fahrrad nach vorne: stärker treten/leicht nach hinten beugen; droht es nach hinten überzukippen, Hinterradbremse ziehen/leicht nach vorne beugen.
Für lange Wheelies: Körpergewicht über der Hinterradachse halten.

Wie man einen platten Reifen flickt
Du wirst dir die Hände dreckig machen und fluchen, aber es geht vielleicht schneller als mit Papa, der gerade dann, wenn ein Loch im Reifen ist, wieder Zeitung lesen muss:

- Rad umdrehen und auf Sattel und Lenker stellen
- Bremse aushängen
- Schnellspanngriff öffnen/Sechskantmuttern lösen (bei Schnellspannnaben: Flügelmutter auf der anderen Seite lockern) und Rad aus der Gabel nehmen (bei Kettenschaltung Kettenführung am Hinterrad für das Wiedereinsetzen merken!)
- Ventildeckel und Ventilmutter abschrauben und eine Innenkante des Mantels mit dem stumpfen Griffende eines Löffels (oder Schraubenschlüssels) komplett über die Felgenkante nach außen hebeln
- Ventil durchs Felgenloch drücken, Schlauch vorsichtig rausziehen, aufpumpen und Stück für Stück in einem

Eimer voll Wasser auf austretende Luftblasen kontrollieren
- Undichte Stellen trockenreiben, mit Stift markieren, mit Sandpapier aufrauhen, Kleber rauf (leicht antrocknen lassen), Flicken festdrücken
- Innenseite des Mantels nach steckengebliebenen spitzen Gegenständen kontrollieren und sie entfernen
- In umgekehrter Reihenfolge alles wieder montieren

Lass zumindest beim ersten Mal vom Vater kontrollieren, ob die Schrauben alle fest genug angezogen sind und die Bremsen wieder funktionieren.

Mehr Spaß mit geölten Ketten und griffigen Bremsen
Du solltest die Fahrradkette stets sauber und leicht geölt halten – eine gute Kette spart viel Kraft und knirscht nicht (besser noch als Öl: flüssiges Kettenwachs, ist zwar teurer, aber viel besser); bei Nabenschaltung: Kette sollte maximal 1 Zentimeter Spiel nach oben und unten haben – ansonsten nachspannen (Radmuttern + Spannhebelschrauben lösen, Achse nach hinten drücken und Schrauben wieder festdrehen).
Schlaffe Bremsen nerven so sehr, wie sie sich leicht spannen lassen: vor dem Lösen der Befestigung des Bowdenzugs (Drahtkabel) der Bremse mit einem Stift die Länge des Zugs hinter der Befestigung vor dem Ende markieren; Befestigung lösen; Bremsarme zusammendrücken, Bowdenzug ca. 1 Zentimeter weiter rausziehen, festschrauben, fertig! Alte, zu dünne Bremsbeläge auswechseln.

Wie man einen Stein übers Wasser hüpfen lässt

Am besten eignen sich linsenförmige Steine, die mit dem Rand vom rechten (oder linken) Zeigefinger eingefasst werden. Der Stein sollte möglichst flach aufs Wasser geworfen werden, am besten geht man daher vor dem Wurf in die Hocke.

Tipp: Das vordere Ende des Steins sollte beim Wurf leicht nach oben zeigen. Idealer Abwurfwinkel: weder zu steil nach unten noch parallel zum Wasser, sondern die Mitte, schräg nach vorn.

Meisterhaft Kirschkerne spucken

Kirschkern zwischen Schneidezähnen und Lippen halten und so tief wie möglich durch die Nase einatmen. Wenn die Lunge voll ist, mit der Zunge den Kern ganz leicht vor die rund geschlossenen Lippen drücken. Luft mit voller Kraft in die Backen pressen und den Kern durch die gespitzten Lippen wie den Korken aus einem Spielzeuggewehr nach draußen katapultieren. Die Geschwindigkeit vom Kern wird größer, wenn du dich wie bei einem Wettlauf mit den Beinen schräg zur Spuckrichtung stellst, den Oberkörper nach hinten verlagerst und gleichzeitig mit dem Spucken nach vorne wirfst. Oder vor dem Spucken Anlauf nimmst.
Wenn du weiter spuckst als 21,71 Meter, hast du einen neuen Weltrekord aufgestellt.

ABENTEUER NATUR

Überlebens-Kit für Jungs

- Taschenmesser
- Kleines Fernglas
- Taschenlampe
- Pflaster
- Lupe (zum Feuermachen)
- Streichhölzer (für den Notfall; Vorsicht!)
- Kompass
- Armbanduhr (mit Zeigern!)
- 3 Meter Angelleine, Haken, Korken
- Papier + Stift (für Nachrichten oder wichtige Beobachtungen)
- Flasche mit Trinkwasser
- Snack (Obst, Nüsse, Müsliriegel – damit du nicht beim ersten Hunger sofort angeln musst)

Wie man einen Vulkan selbst baut

Funktioniert überall, wo die Erde ein bisschen feucht ist, natürlich nur mit Papa, sonst raucht nicht nur der Vulkan, sondern auch Papa, und zwar vor Ärger. Per Hand oder Schippe wird ein kniehoher Vulkanberg aufgehäuft. Die Flanken gut festklopfen. Anschließend vorsichtig einen kleinen Tunnel, in den locker eine Faust reinpasst, am Fuß des Vulkans bis in die Mitte graben. Mit einem Schaufelstiel oder Stock vorsichtig von der Spitze des Vulkans bis nach unten den Schlot ausstechen. Wenn der Stiel im Tunnel sichtbar wird, Flanken nochmals festklopfen. Stiel raus, Tunnel säubern. Kleine Knöllchen aus Zeitungsschnipseln und kurze Reisighölzchen in Streichholzlänge direkt unter das Abzugsloch legen, aber nicht zu voll stopfen, sonst zieht der Vulkan nicht. Zum Entfachen des Feuers nimmt man am besten einen langen Reisigzweig oder eine zusammengerollte Zeitungsseite.

Wie man einen Iglu baut

Wer von euch das Glück hat, in Zeiten der Klimaerwärmung eine ausreichend dicke Schneedecke (etwa einen halben Meter) mit festem Schnee zu finden, sollte die Gelegenheit sofort nutzen und sich nach einem sicheren Standplatz umsehen.
Achtung: NIE ALLEINE einen Iglu bauen, zu gefährlich; am besten mit einem Erwachsenen, geht auch viel schneller.

- Schnee mit den Füßen festtreten und zwei Meter großen Kreis für die Grundfläche mit einem Schaufelstock markieren.
- Schneeziegel mit einer Säge (z. B. Fuchsschwanz) ausschneiden. Die größten im unteren Bereich sollen ca. 50 Zentimeter lang, 30 Zentimeter hoch und 10 bis 15 Zentimeter dick sein. Auf der oberen Seite nach innen leicht abschrägen, damit der Iglu seine Kuppelform erhält. Die Ziegel mit zunehmender Höhe kleiner zuschneiden.
- Die Ziegel der ersten Reihe keilförmig ausschneiden, damit der Bau spiralförmig wächst (siehe Illustration).

Der Bau ist leichter, wenn zusätzlich ein Erwachsener mit Schaufel im Iglu steht und beim Setzen der Ziegel von innen dagegendrückt.

- Zum Schluss den Eingang auf der dem Wind abgewandten Seite mit Schaufel ausstechen. Ecken an der Außenseite glätten, Luftloch in der Decke einschneiden.

Tipp: Mit einer einzigen Kerze lässt sich die Innentemperatur des Iglus deutlich erwärmen, ohne dass er schmilzt.

Wie man Pfeil und Bogen baut

Der Bogen
Als Holz für den Bogen eigen sich am besten Haselnuss oder Eibe, auch Buche, Esche, Ulme oder Ahorn.

- Ein ca. 70 bis 100 Zentimeter langes, 1,5 bis 2 Zentimeter breites, möglichst gerades Stück frisch vom Baum sägen (nicht brechen!)
- Rinde schälen und Äste entfernen
- Etwa 1 Zentimeter unterhalb der beiden Enden V-förmige Kerbe mit Messer 3 Millimeter tief ringsum einschnitzen
- Als Griff und Pfeilauflage Kordel (besser: Lederschnur) etwa 10 Zentimeter breit um die Mitte des Bogens

wickeln (mit Klebstoff fixieren; Kordelenden mit Textilklebeband)

- Sehne (2 bis 3 Millimeter starke Kordelschnur) mit einem Knoten an einem Ende befestigen; eine zweite Person sollte den Bogen spannen, wenn das andere Ende verknotet wird

Der Pfeil

- Gerader Ast, 35 bis 40 Zentimeter lang, 8 bis 10 Millimeter dick
- Hinteres Ende vorsichtig V-förmig einkerben
- Lange Vogelfeder am Kiel halbieren und in drei je 6 Zentimeter lange Stücke schneiden; Federn 0,5 Zentimeter von beiden Kielenden komplett stutzen (erleichtert das Befestigen der Federn am Pfeil), die restlichen 5 Zentimeter auf 1,5 Zentimeter stutzen
- Die drei Federstücke in gleichem Abstand mit Zwirn festbinden (Abstand Kielende zu Pfeilende ca. 1 Zentimeter)
- Pfeilspitze mit Messer anspitzen, evtl. über Feuer härten

VORSICHT: Nie auf Menschen zielen, erst recht nicht auf das Gesicht – kann ins Auge gehen!

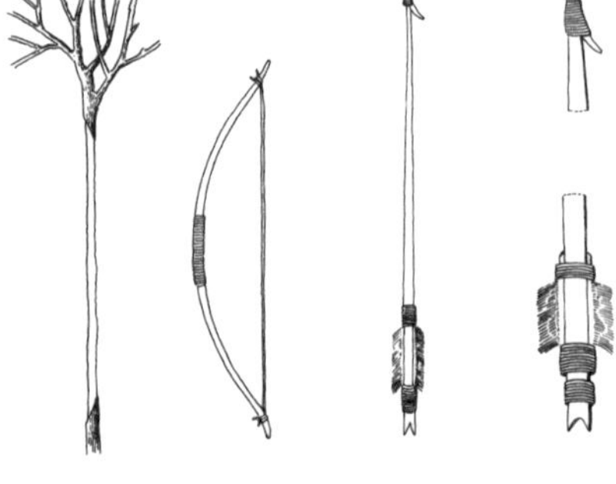

Wie man eine Steinschleuder baut

Eine daumendicke Astgabel 10 Zentimeter über der Gabelung und 15 Zentimeter unter ihr sauber absägen. Dickes Gummiband (60 Zentimeter lang) besorgen (7 bis 10 Millimeter breiter Streifen aus altem Fahrradschlauch geht auch). Ein rechteckiges Stück dickes Leder (6 Zentimeter lang, 2 bis 3 Zentimeter breit) an den Enden so einschneiden, dass das Gummiband durchpasst. Gummiband einfädeln und gut an den Gabelenden der Zwille verknoten. Wenn das Leder dick genug ist, kann man das Gummiband auch in der Mitte durchschneiden und an den beiden Einschnitten verknoten. Verschießt prima Eicheln.

VORSICHT: Nie auf Menschen zielen, kann böse ins Auge gehen!

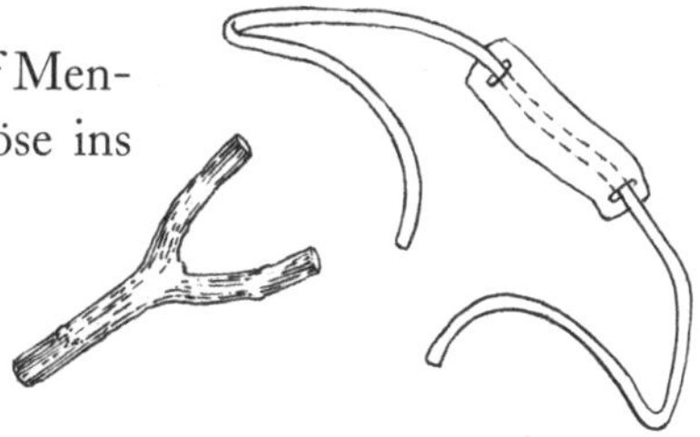

Die einfachste Angel der Welt

Um ein paar dicke Fische an Land zu ziehen, brauchst du keinesfalls eine schöne, teure Angelausrüstung. Es reichen auch ein mittelgroßer Angelhaken, Angelschnur (2 bis 4 Meter), ein Korken und ein gerader, langer, dünner Stock (zum Beispiel eine Weidenrute). Und natürlich ein Köder – ein Stück frisches Weißbrot, besser noch ein Regenwurm.

Binde den Haken an der Schnur mit einem Angelknoten fest, der sich unter dem Hakenplättchen zuzieht (hat der Haken eine Öse, fädele die Schnur vorher hindurch).

Knote dann etwa 50 Zentimeter über dem Haken einen halben Weinkorken in die Schnur – er dient als Schwimmer, damit der Wurm nicht auf den Grund sinkt (ritze eine kleine Kerbe um den Korken, damit die Schnur sicherer hält). Das andere Ende der Schnur knote etwas unterhalb der Rutenspitze in einer Mini-Kerbe fest – wenn möglich unter einer Stelle, die ein bisschen dicker ist, damit der Fang dir auf keinen Fall ungegrillt entkommt. Nun musst du nur noch das Brot zu einem festen Klumpen kneten (eventuell etwas Spucke hinzu) und den Haken hineindrücken. Oder den Wurm auf den Haken schieben (an Anfang und Ende des Hakens ein bisschen Wurm überstehen lassen).
Lohnt sich der Fang nicht zum Essen, wird der Haken vorsichtig aus dem Maul entfernt und der Fisch zurückgeworfen. Ansonsten Fisch mit dem Schlag eines schweren Messerknaufs auf den Kopf betäuben, von unten zwischen den Kiemen abstechen, vom After bis zu den Kiemen aufschlitzen, Innereien rausnehmen, säubern und dann braten, kochen oder dünsten!
Natürlich weißt du, dass Angeln in öffentlichen Gewässern ohne Angelschein und Erlaubnis in Deutschland strengstens verboten ist. Solltest du dich an einem Privatteich oder in einer ernsthaften Ernährungs-Notlage befinden, ist das natürlich etwas anderes.

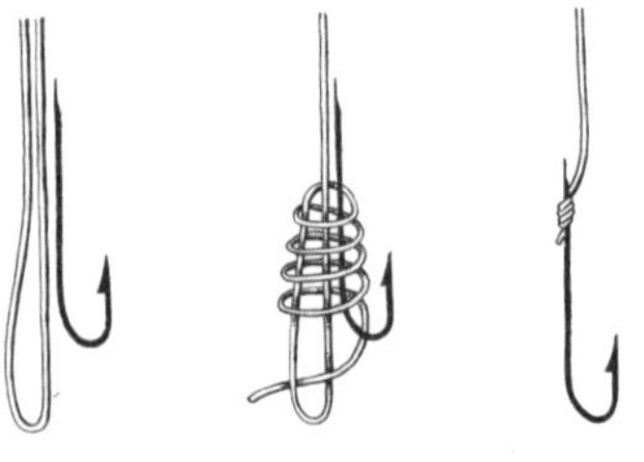

Die wichtigsten Knoten

Palstek: Bekanntester Seemannsknoten; eine Schlinge, die sich nicht von selbst zuzieht, zum Befestigen von Dingen und auch als Rettungsschlinge geeignet

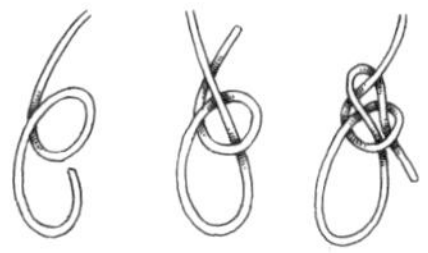

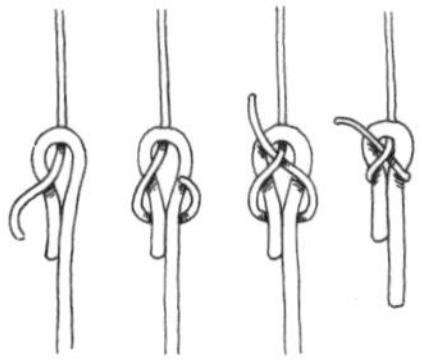

Schotstek: Seemannsknoten; dient zum Verknüpfen zweier Seile unterschiedlicher Stärke oder zum Befestigen an einer Schlinge; hält nur unter Zug

Roringstek: Seemannsknoten; dient zum Befestigen eines Seils an einem Ring; lässt sich nur schwer lösen, wenn Seil stark unter Zug stand

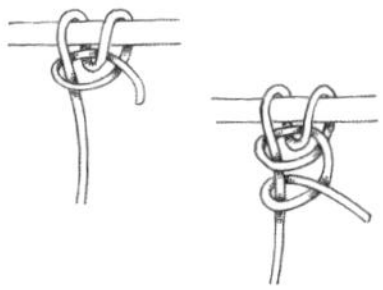

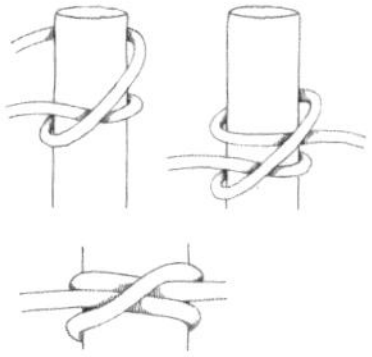

Mastwurf: Seemannsknoten (auch: Webeleinenstek); schneller und einfacher Knoten zum Festbinden eines Seils an Stange, Stock, Baum; hält nur unter Zug

Kreuzknoten: Seemannsknoten; für das Verbinden zweier gleichstarker Seile; löst sich leicht, sollte unter Zug stehen

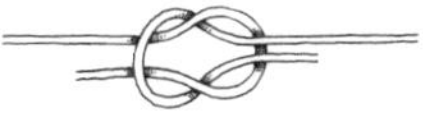

Prusikknoten: Bergsteigerknoten; zieht sich unter Belastung zu und lockert sich bei Entlastung; Aufstiegshilfe am Seil: Zwei 150 Zentimeter lange Schlaufen werden als Trittschlingen genutzt und nacheinander am Seil hochgeschoben

Zimmermannsknoten: Schlinge, die sich nur unter Last zuzieht; Gitarrensaiten werden am Steg mit diesem Knoten festgebunden

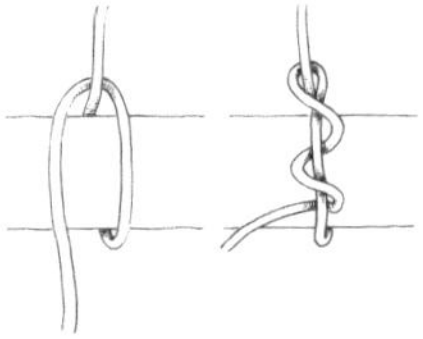

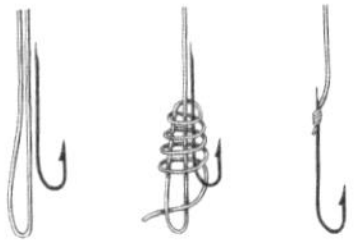

Clinchknoten: Angelknoten; mit ihm befestigt man Ösen von Haken und Wirbeln bombensicher an Angelschnüren (mindestens 5 Windungen)

Achterknoten: Vielseitiger Bergsteiger- und Seemannsknoten; einfach als Verdickungsknoten; am Seilende als Schlaufe doppelt gesteckt, perfekt zum Befestigen eines Klettergurts/Karabiners (zur Sicherheit sollte überstehendes Seilende nicht kürzer als 10 cm sein)

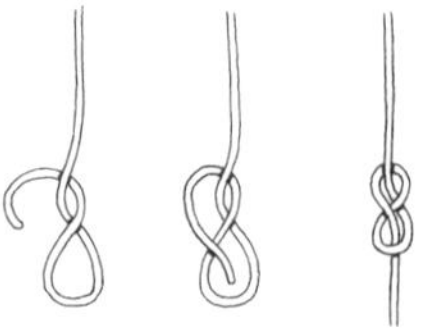

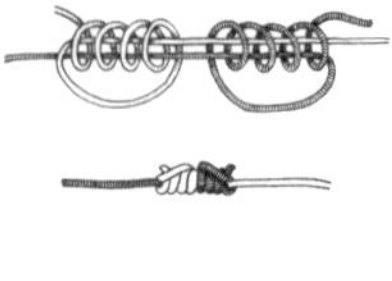

Doppelter Grinner-Knoten: Angelknoten; dient zum Verbinden von

zwei Angelschnüren – und eignet sich auch für alle anderen Schnüre, Leinen oder Seile

Anbindeknoten: dient normalerweise zum schnellen Anbinden von Pferden oder anderen Tieren; kann sofort durch sogenannten Slip gelöst werden

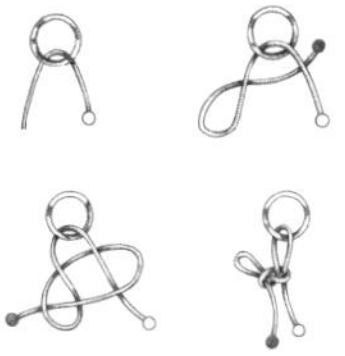

Die Kunst, Feuer selbst zu machen

Wahrscheinlich schon eine Million Jahre vor der Erfindung von Streichholz und Feuerzeug sind unsere Vorfahren in der Lage gewesen, Feuer selbst zu machen. Diese Fähigkeit, vermutlich während der Bearbeitung von Feuerstein zu Waffen oder Werkzeugen entdeckt, war ein riesiger Fortschritt. Erstmals konnte der Mensch Fleisch garen und haltbar machen, seine eigene Haut wirksam vor hungrigen Säbelzahntigern und anderen Raubtieren schützen, Holz härten und sich künstlich wärmen.
Man muss weder Neandertaler noch Pfadfinder sein, um Feuer selbst zu machen, sollte aber auf jeden Fall einen Erwachsenen dabeihaben, der aufpasst und helfen kann.

Wichtig: Windstillen, sicheren Platz suchen, am besten auf sandigem Boden. Darauf achten, dass kein brennbares Material wie trockenes Gestrüpp oder Holz sich in der Nähe des Feuerplatzes durch Funkenflug entzünden kann.

Funkenschlag-Methode
Um aus zwei aneinandergeschlagenen Feuersteinen Flammen zu zaubern, brauchst du guten Zunder, in den die Funken fallen müssen – zum Beispiel die kleinen Flocken der Birkenrinde, zerriebenes Holz harzhaltiger Bäume

wie Tanne, Fichte, Kiefer, Lärche oder zerriebenes Heu. Glimmt der Zunder, vorsichtig hineinpusten (Sand- oder Steinwall drumherum bauen, damit er nicht wegfliegt). Wenn der Zunder entflammt, wie bei einem normalen Lagerfeuer (bei dem man z. B. Papier als Anzünder nimmt) trockene, kleingebrochene Gräser oder streichholzdünne, trockene Zweige nachlegen und anbrennen lassen. Dünne Streifen der Birkenrinde brennen selbst bei Regen! Dann kleine Äste anbrennen, dann größere, und wenn ausreichend Glut vorhanden ist, dicke Holzscheite drauf. Nadelholz brennt schnell an, Holz von Laubbäumen langsam, aber dafür brennt es länger!

Feuersäge

Geraden Pflock aus hartem Holz (ca. 30 Zentimeter lang) zurechtschnitzen, Enden leicht abrunden. Brett aus weichem Holz (Nadelholz) besorgen und mit einem Pflock eine kleine Mulde reinstoßen. Den Pflock in Feuersäge (Mini-Bogen, siehe Illustration) einspannen, unteres Ende in Brettmulde, auf oberes einen Stein mit kleiner Mulde legen. Durch Hin-und-her-Drehen der Säge dreht sich der Pflock im Brett, nach einer Weile beginnen die herausgeriebenen Holzkrümel durch die Reibungshitze zu glimmen. Glut dann zu Feuer schüren wie bei der Feuerstein-Methode. Und nicht die Geduld verlieren, wenn es nicht sofort klappt!

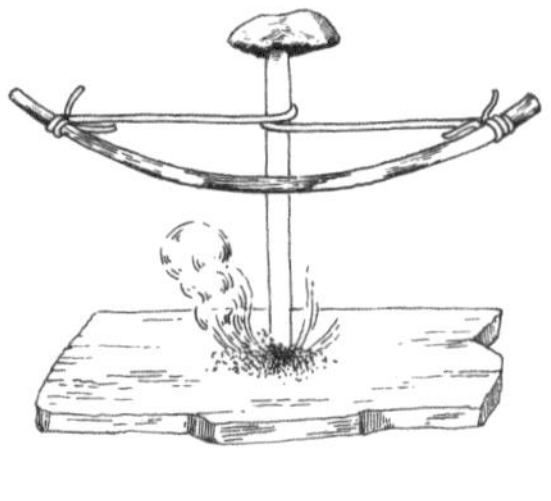

Feuer aus Wasser

Geht nicht? Von wegen! Ein faustgroßes Stück Eis – also gefrorenes Wasser – besorgen, linsenförmiges Glas (wie bei Leselupe) herausmeißeln oder -feilen. Oberfläche langsam mit den Händen glatt schmelzen. Sonnenstrahlen durch Eis-Lupe fallen lassen und den Brennpunkt dahinter auf Zeitung/Zunder bündeln, bis es qualmt. Der Rest ist ein Kinderspiel. Zumindest für Eskimos.

Norden ohne Kompass finden

An der Nordwestseite von Bäumen, die frei stehen, findet man oft Moosbewuchs, weil bei uns meist aus dieser Richtung der Wind weht – und mit ihm der Regen, der das Moos wachsen lässt. Auf der gegenüberliegenden, windgeschützten Seite sind die Äste meist länger und weisen nach Südost.

Es gibt nur einen, mit bloßem Auge sichtbaren Stern, der die ganze Nacht immer an derselben Stelle steht und direkt nach Norden weist: der Polarstern, auch Nordstern genannt. Wer weiß, wo er steht, denkt sich von ihm gerade hinunter auf den Horizont eine Linie und weiß, wo Norden ist. Um den Polarstern zu finden, musst du den Großen Wagen suchen. Verlängerst du den Abstand der beiden vorderen Sterne fünfmal nach oben (vom Wagen aus gesehen), triffst du auf den Polarstern. Er ist der erste Stern der Deichsel (Zugstange) des Kleinen Wagens, die seitenverkehrt und auf dem Kopf dem Großen Wagen gegenüberliegt.

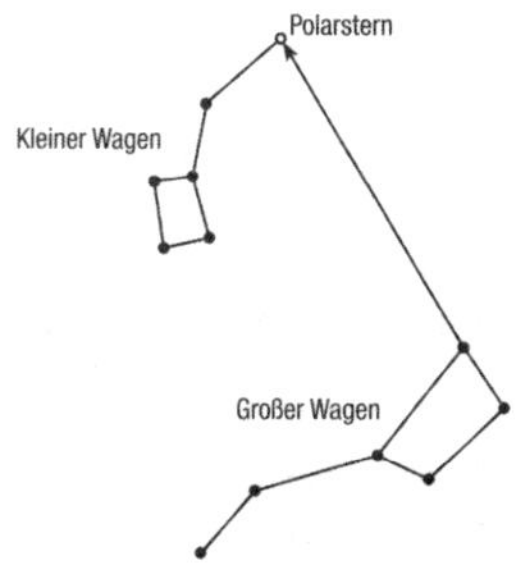

Süden ohne Kompass finden

Wer eine Uhr mit Zeigern hat, kann mit Hilfe der Sonne Süden bestimmen.
Das Ziffernblatt waagerecht halten und den Stundenzeiger zur Sonne ausrichten. Winkel zwischen dem Stundenzeiger und der 12-Uhr-Markierung halbieren – die Halbierungslinie weist genau nach Süden! Vormittags zählt der Winkel vom Stundenzeiger im Uhrzeigersinn bis zur 12-Uhr-Marke, nachmittags gegen den Uhrzeigersinn. Während der Sommerzeit wird natürlich die 13-Uhr-Marke genommen. (Auf der Südhalbkugel wird die Uhr über die 12-Uhr-Marke auf die Sonne ausgerichtet, der Rest bleibt gleich; die Verlängerungslinie des halbierten Winkels zeigt Norden an.)

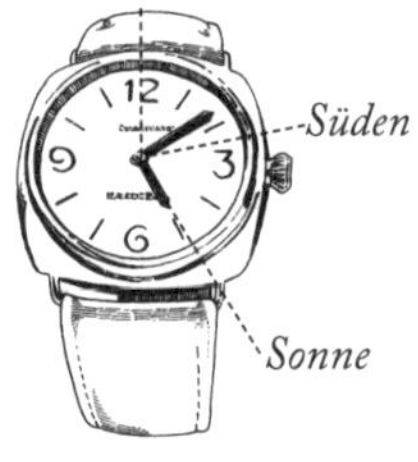

Es gibt einen einfachen Reim, der bei der Orientierung hilft: *Im Osten geht die Sonne auf, im Süden ist ihr Mittagslauf, im Westen wird sie untergehen, im Norden ist sie nie zu sehen.* (Auf der Südhalbkugel müssen die Wörter Norden und Süden miteinander vertauscht werden.)

Eigenen Wetterbericht machen

Wer sich Wetterfrösche hält, bekommt es mit den Naturschützern zu tun (die quakenden grünen Flummis stehen unter strengem Naturschutz), und auch der professionelle Wetterbericht taugt bisweilen wenig. Es ist also sehr nützlich, wenigstens ein paar kleine Zeichen der Natur zu kennen, die auf einen bevorstehenden Wetterwechsel hinweisen.

Schlechtwetterboten

- Morgenrot mit Wolken
- steigender Morgennebel
- Sterne funkeln heftig
- Westwind, tiefblauer Himmel mit dicken Wolken
- tieffliegende Schwalben (Regenboten)
- Frösche quaken auch tagsüber
- Fische hüpfen übers Wasser
- Hunde knabbern Gras
- Löwenzahn hält tagsüber Blütenkelch geschlossen
- Gänsedistel schließt Blüte nachts nicht
- tiefhängende Feder- und Schäfchenwolken

Schönwetterboten

- Frösche und Grillen musizieren am Abend
- Abendrot
- Morgentau im Sommer
- hohe Schäfchenwolken über Haufenwolken
- Abendnebel
- Abendfrost
- sinkender Morgennebel
- Ostwind

Gewitterboten

- aufkommende Schwüle
- hohe Temperatur bei Morgennebel
- Regenbogen am Morgen
- dicke, dunkle Wolken

Verhaltensregeln bei Gewitter

- Raus aus dem Wasser, weg vom Ufer
- Runter von Gipfeln, Hügeln oder Graten
- Weg von freien Flächen (falls nicht mehr möglich: nicht hinlegen, sondern in die Hocke gehen, Füße eng zusammenstellen, zur Kugel zusammenkauern)
- Wald bietet Schutz, aber: nie unter einen einzeln stehenden Baum stellen
- Weg von metallischen Gegenständen wie Masten, Stromleitungen, Blitzableitern
- Perfekten Schutz bieten Autos: Es passiert nichts, selbst wenn der Blitz dort einschlägt, weil es wie ein Blitzableiter funktioniert (das Prinzip wird *Faradayscher Käfig* genannt)

Entfernungsbestimmung eines Gewitters

Direkt nach einem Blitz die Sekunden bis zum Donner zählen, Zahl durch 3 teilen (der Schall legt 330 Meter pro Sekunde zurück) – das Ergebnis ist die Entfernung in Kilometern.
Beispiel: Donner ist 9 Sekunden nach dem Blitz zu hören; 9 durch 3 = 3 Kilometer. Durch mehrere Messungen ist leicht feststellbar, ob das Gewitter näher kommt.
Wie man Sekunden zählt? Am besten laut und mit normaler Sprachgeschwindigkeit: 1–Tick–2–Tick–3–Tick … oder man fängt bei 21 an, spricht die Folgezahlen rhythmisch ohne Pausen hintereinander und zieht am Ende 21 vom Ergebnis ab.

Fossilien suchen

Wenn du dich für Dinosaurier interessierst, gibt es kaum etwas Spannenderes, als selber auf die Suche nach ihnen zu gehen. Die Ausrüstung ist schnell besorgt: Hammer, Steinmeißel, Schutzbrille und Pinsel zum Säubern der Funde. Es gibt Glückspilze, die stolpern ohne einen einzigen Hammerschlag über einen Saurierknochen. Aber sie wären eben keine Glückspilze, wenn so etwas häufig passierte. Da viele Landstriche vor Millionen von Jahren von Ozeanen bedeckt waren und die Wahrscheinlichkeit für urzeitliche Wesen, als Versteinerung der Nachwelt erhalten zu bleiben, nirgendwo sonst so hoch war wie am Meeresgrund, wo sie von Schwebstoffen konserviert wurden und langsam versteinerten, findet man am Anfang einer Karriere als Paläontologe (Fossilien-Forscher) eher kleine Fossilien wie Schnecken, Muscheln oder Pflanzen.

Das Wichtigste ist, herauszubekommen, wo in deiner Nähe es Gebiete wie zum Beispiel Steinbrüche oder Waldstellen gibt, an denen sich die Suche lohnt. Frag deinen Erdkundelehrer, der müsste das wissen! Schiefer- und Kalksteinbrüche oder Waldböden mit tonartigem rotem Sandgestein zum Beispiel lohnen immer einen genaueren Blick. Ein kleines Fachbuch oder auch das Internet helfen bei der Bestimmung der Fundstücke. Und mit ein bisschen Glück findest du vielleicht auch Wertvolleres wie uralte Haifischzähne, Trilobiten (Urkrebse) oder Größeres.

Mindestens genauso spannend kann die archäologische Suche sein – nach steinzeitlichen oder mittelalterlichen Waffenresten, Keramiken, Münzen oder Schmuck. Die Vorbereitung und Suche ist allerdings nicht so einfach, denn Orte, die frei zugänglich und bekannt sind für archäologische Gegenstände, sind in der Regel meist schon hundertfach abgesucht worden. Wertvolle Tipps kann dir vielleicht dein Geschichtslehrer geben.

Wilden Tieren auf der Spur

Wild zu beobachten, kann eine spannende Sache sein. Selbst an die als äußerst schreckhaft geltenden Rehe kannst du dich bis auf wenige Meter anpirschen, wenn du dies gegen den Wind tust und dich langsam bewegst. Viele Wildtiere sehen nämlich sehr schlecht und nehmen den Mensch vor allem über den Geruch oder zu hastige Bewegungen und Geräusche wahr.
Vorsicht ist beim Wildschwein geboten, vor allem, wenn es sich um eine Bache (weibliches Wildschwein) mit ihren Frischlingen (junge Wildschweine) handelt: Wildschweine sind sehr schnell, angriffslustig und können den Menschen mit ihren scharfen Eckzähnen ernsthaft verletzen. Auch bei zutraulichen Füchsen solltest du vorsichtig sein, da sie Tollwut haben könnten und diese gefährliche Krankheit schon durch Berührung des Fells übertragen. Wer ein Fernglas mitnimmt und leise und aufmerksam durch den Wald geht, hört oder sieht immer irgendein Tier. Besonders in den frühen Morgen- oder Abendstunden regt sich das Wild, weil es auf Nahrungssuche geht oder sich wieder in den Wald zurückzieht. Das Wild verrät sich auch durch Bissspuren an Pflanzen und Bäumen, durch seine Losung (Kot) und vor allem durch die Spuren, die besonders gut auf feuchten Böden oder im Schnee zu erkennen sind.

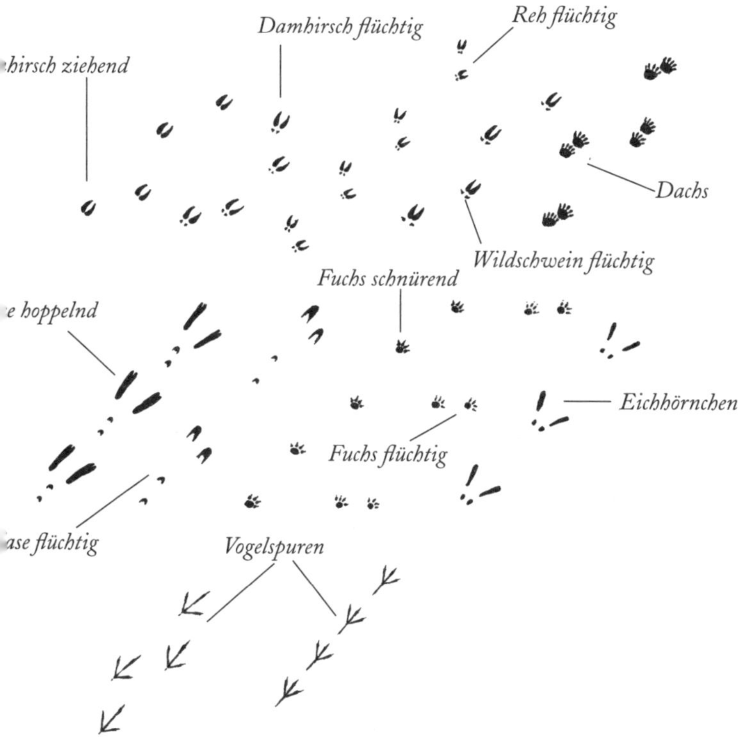

Viele Tiere hinterlassen ihre Spuren zudem auf ganz besondere Art, was das Fährtenlesen der Trittbilder erleichtert. Hier die wichtigsten Unterschiede:

- Raubtiere besitzen Pfoten; ihre Abdrücke sind meist gut zu erkennen, da sie ihre Sohlen immer vollständig aufsetzen.
- Igel, Dachs und Waschbär drücken beim Gehen auch ihre Krallen in den Boden, Luchs und Katze nicht.
- Beim Trittbild (damit sind die kompletten Abdrücke aller vier Pfoten oder Klauen gemeint) des Hasen be-

finden sich die großen Hinterpfoten vor den kleinen Vorderpfoten; wer dies nicht weiß, läuft dem Hasen in die falsche Richtung nach.
- Die Spuren von einem ziehenden Fuchs oder einer Katze sehen aus, als wenn sie an einer Schnur aufgezogen wären; deshalb sagt der Jäger: Sie schnüren.
- Am Abstand und der Tiefe der Hufabdrucke lassen sich Alter, Größe und Stärke des Tieres ablesen – je weiter auseinander und tiefer sie liegen, desto älter, größer und stärker ist es.

Wenn eine Bache Teller spitzt: Jägersprache

Die Bache spitzt ihre Teller, streckt die Hämmer im Gebrech und sucht mit den Lichtern den Störenfried. Vielleicht ist ja auch nur ein neugieriger Frischling vor einem Bau von einer Fähe ins Gebrech gebissen worden und wedelt nun wütend mit dem Pürzel …

Jäger nehmen sich sehr viel Zeit zum Jagen. Da wundert es kaum, dass sie sich für jedes jagdbare Tier und dessen Körperteile die sonderbarsten Begriffe ausgedacht zu haben. Sonst hätten sie die Beobachtung auch so ausdrücken können:

Das weibliche Wildschwein spitzt die Ohren, streckt die Beine im aufgebrochenen Boden und sucht mit den Augen den Störenfried. Vielleicht ist ja auch nur ein neugieriges junges Wildschwein vor einem Bau von einem weiblichen Dachs ins Maul gebissen worden und wedelt nun wütend mit dem Schwanz.

Jägersprache – die wichtigsten Grundbegriffe

	Männchen	*Weibchen*	*Nachwuchs*
Dachs/Fuchs	Rüde	Fähe	Geheck
Kaninchen	Rammler	Häsin	Jungkaninchen
Gans	Ganter	Gans	Gössel
Muffelwild	Widder	Schaf	Lamm
Reh	Bock	Ricke	Kitz
Rotwild	Hirsch	Tier	Kalb
Raubvogel	Terzel	Weibchen	Nestling
Taube	Tauber	Taube	Brut
Wildschwein	Keiler	Bache	Frischling

Weitere Beispiele aus der Jägersprache:

Aufbruch	die inneren Organe des Wildes
Blume	Schwanz vom Feldhasen
Büchse	Gewehr, mit dem eine einzige Kugel größeren Kalibers (Durchmesser) verschossen wird; für die Jagd auf größeres, weiter entfernt stehendes Wild wie Rehe, Hirsche und Wildschweine
Brunft	Paarungszeit bei Rehen und Hirschen
Decke	Fell von Wildtieren
Fang	Schnauze von Raubtieren
Fegen	Abreiben des Basts (samtige Haut) vom frisch nachgewachsen Gehörn
Flinte	Gewehr, mit dem Schrot verschossen wird (viele kleine Bleikügelchen); dient zur Jagd auf sich schnell bewegendes Wild in kurzer Entfernung wie Hasen oder Enten
Kirrung	Futter, mit dem Wild an eine bestimmte Stelle gelockt wird; auch die Stelle selbst wird als Kirrung bezeichnet

Losung	Kot der Tiere
Lichter	Augen des Schalenwilds (als Schalen werden die Klauen bezeichnet)
Löffel	Ohren des Hasen
Lunte	Schwanz vom Fuchs
Mönch	geweihloser Hirsch
Rotte	Gruppe von Wildschweinen
Sasse	Hasenlager
Schmelz	Kot von Greifvögeln
Schweiß	Blut verletzten Wildes
Spiegel	helles Hinterteil von Reh und Hirsch
Überläufer	Wildschwein im Alter zwischen 12 und 24 Monaten
Vorstehen	Hund verharrt bewegungslos und signalisiert so, dass sich vor ihm ein Stück Wild befindet

Tierstimmen erkennen

Hirsch
Wenn im September/Oktober die Brunftzeit beginnt, überreden Hirschbullen mit einem tiefen, markerschütternden Röhren, Gurgeln, Orgeln und Schreien Hirschkühe erfolgreich dazu, sich mit ihnen zu paaren.

Reh
Böcke rufen in der Brunftzeit (Juli/August) Ricken mit einem heiseren *heöheöheöh*; das Fiepen der Ricke kann der Jäger mit einem kleinen Instrument (Blatter) nachahmen; es lockt dem Jäger den Rehbock direkt vor die Büchse.

Luchs
In der Ranzzeit (Paarungszeit) März/April lockt der Kuder die Luchsin mit abgehacktem, hellem Miauen; wenn er faucht oder knurrt, klingt er wie eine sehr, sehr große Hauskatze.

Fuchs
Füchse keckern (bellen) in der Ranzzeit (Januar/Februar) hell, heiser und gedehnt, etwa so wie ein Sofahündchen, auf das sich jemand raufsetzt – aus Versehen.

Dachs
Haucht sich tief grunzend in ein Knurren hinein, etwa *huuhhrrr, huuuuuuhhrrrrr* – man versteht sofort, dass er genervt ist; bei Gefahr faucht er.

Murmeltier
Stößt bei Gefahr helle, kurz aufeinanderfolgende Pfiffe aus (*pfieuhh, pfieuhh, pfieuhh*), die ohne Zweifel eher zu einem Vogel passen.

Wildschwein
Ein Wildschwein grunzt, quiekt und schnaubt wie sein rosafarbener, kurzborstiger Bruder.

Tierstimmen nachahmen

Waldkauz
Hände zusammenlegen wie beim Pressen eines Schneeballs; Daumen parallel halten, kleinen Spalt zwischen ihnen offen lassen, Lippen über den vorderen Daumengelenken schließen und kräftig durch Spalt in den Hohlraum blasen; durch schnelles und langsames Einblasen der

Luft lässt sich die Tonlage ändern – langsames gibt tiefe Töne, schnelles hohe; der Waldkauz ruft eher in hohem Ton *Huuuhhh, huh huh huh huuuuhhh …*

Kuckuck
Technik wie beim Waldkauz; der berühmteste aller Vogelrufe, der ihm seinen Namen verlieh, klingt einfach, erfordert aber etwas Übung, denn die Hände müssen an den Seiten fest verschlossen sein, um vom hellen *Kuc-* zum tiefen *--kuck* zu wechseln, Luft schnell einblasen, Luftzug kurz absetzen, dann langsam blasen.

Wie man einen verwaisten Igel rettet

Ein elternloser junger Igel, der im November weniger als ein halbes Kilo wiegt, ist im Winter verloren. Wer ihm helfen will, kann ihn mit nach Hause nehmen, in einen mit Zeitungspapier ausgelegten Karton mit Schlafhäuschen setzen und mit Hunde- oder Katzenfutter sowie Wasser (keine Milch!) aufpäppeln, bis er 600 bis 700 Gramm wiegt. Dann soll der Igel seinen Winterschlaf halten – drei bis vier Monate, in denen er weder frisst noch trinkt. Über sein kleines Schlafhäuschen wird dafür vorher ein zweites, etwas größeres Häuschen gestellt. Die Zwischenräume werden mit Zeitungspapier oder Laub isoliert. Das Ganze wird mit dem großen Karton auf den Balkon oder in den Garten an einen schattigen, kühlen Platz gebracht.
Wenn der Igel nicht von selbst den Winterschlaf beginnt, gib ihm drei Tage lang nur Wasser, dann sollte es klappen. Wenn er im März/April abgemagert aufwacht, muss er bis zu drei Wochen gefüttert werden, bis er wieder um die 700 Gramm wiegt. Dann wird er im Wald freigelassen.

Wie man ein Vogelküken rettet

Grundsätzlich gilt: Finger weg von Jungvögeln, die im Frühjahr aus dem Nest fallen, denn oft richtet die gutgemeinte Hilfe mehr Schaden als Nutzen an. Je jünger der Vogel, umso schwieriger die Aufzucht und das Auswildern. Deshalb aus der Distanz eine Stunde beobachten, ob er tatsächlich von den Eltern verlassen wurde.
Als Herberge reicht eine kleine Kiste aus Pappe oder Holz, in der mit einem Tuch oder Heu das Nest nachgebaut und über die eine Glühlampe gehängt wird, die die Temperatur am Nest ca. 35 °C warm hält.
Das Futter muss mit einer stumpfen Pinzette in den Rachen geschoben werden – Schnabel notfalls vorsichtig mit den Fingern öffnen. Gefüttert wird in der Regel stündlich (!) geriebener Zwieback mit Hackfleisch, Magerquark und hartgekochtem Ei, später Vogel-Weichfutter, Larven und Regenwürmer. Wasser mit Pipette einträufeln. Zur Vorbereitung aufs Freilassen vor dem Flüggewerden Futter immer weiter vom Schnabel entfernen. Dann freilassen.

Heimische Vögel erkennen

Amsel

Männchen: schwarz, gelber Schnabel, Weibchen: einfarbig braun, bis 25 cm lang; gilt unter den Singvögeln als begnadeter Sänger und Papagei; Melodie beginnt flötend tief, wird dann höher und leiser und endet manchmal in nachgemachten Gesängen anderer Vögel; kann Hühnergackern und Straßenlärm imitieren; baut aus Wurzeln, Halmen und Plastik ihr Nest in Sträuchern, Hecken, Blumenkästen; legt 3 bis 6 gefleckte grüne Eier.

Buchfink

Männchen: taubenblaue Haube, rötliche Brust, rotbrauner Rücken, auf Flügeln zwei weiße Streifen, bis 15 cm; Weibchen: Kopf und Rücken braunbeige, Brust beige; Fliegt wellenartig; sein fröhlicher, sehr variantenreicher Gesang *finkfink* … gilt als Frühlingsbote; baut Moosnester in Astgabeln; 4 bis 6 hellblaue Eier, rosabräunlich gefleckt.

Eichelhäher

Einer der auffälligsten zur Familie der Krähen gehörenden Vögel; rosabrauner Körper, hellblaue Augen, darunter schwarzer Streifen, schwarzweiße Flügel, unverwechselbar durch den schwarz-weiß-hellbau-gestreiften Flügelbug, bis 35 cm; auch »Polizei des Waldes« genannt, weil er mit seinen knatternden *Rätsch-Rätsch-Rätsch*-Rufen Eindringlinge in seinem Revier verpetzt – zum Ärger der Jäger, weil das Wild nach dem Warnruf flüchtet; kann in seinem Kehlsack bis zu zehn Eicheln davontragen, sie vergraben und selbst unter Schnee wiederfinden; die Eicheln (und Bucheckern), die er übersieht, pickt er im Sommer aus der Erde; nistet in Astgabeln und legt 3 bis 7 blassblau bis olivbraune Eier.

Kohlmeise

Gelbe Brust, geteilt von schwarzem Längsstreifen, schwarzer Kopf mit weißen Wangen, bis 14 cm; trällert fröhlich *(zi-zi-zi-dä, zi-zi-dä)*, meistverbreitete Meisenart; nistet bevorzugt in Baumhöhlen, aber auch Briefkästen und Ampeln; legt 5 bis 12 weiße Eier mit braunen Flecken.

Kuckuck

Oft zu hören, selten zu sehen: Haupt grau, Rücken und Flügel dunkelgrau, Brust weißlich mit grauen Querstreifen, bis 34 cm; sehr scheu, sitzt kurzbeinig mit hängenden Flügeln oder hängendem Schwanz; neben seinen *Kuckuck*-Rufen bekannt für sein schuftiges Nistverhalten: Frau Kuckuck brütet nicht selbst, sondern legt ihre braungefleckten großen Eier einzeln in die Nester fremder Vögel, nachdem sie zuvor eines der anderen Eier aus dem Nest geworfen hat; schlüpft das Kuckucksküken, wirft dieses alle anderen Eier oder Küken aus dem Nest, um das Fressen für sich allein zu haben; Kuckucksküken haben zudem einen besonders großen, sehr rot geflammten Schlund, der bei den betrogenen Zieheltern einen zwanghaften Fütterungstrieb auslöst.

Rotkehlchen

Rotbraune Brust, weißer Bauch, Kopf und Rücken olivbraun, bis 14 cm; hat sich durch seinen verträumten Sprechgesang, sein auffälliges Aussehen und seine Unerschrockenheit in die Herzen der Menschen geträllert; liebt Gärten, badet jeden Tag im Wasser; baut napfförmige Nester dort, wo Platz ist; legt 5 bis 6 rötlich bis bräunlich gefleckte Eier.

Singdrossel

Hellbrauner Rücken, weißliche Brust mit braunen Flecken, bis 22 cm; Gesang leicht zu erkennen: Die durchdringenden, geflöteten und gepfiffenen Melodien werden zwei- bis viermal wiederholt; nistet in Laubgebüsch und Fichten, 4 bis 5 leuchtend hellblaue Eier.

Spatz, eigentlich: Haussperling

Männchen: braune Oberseite, Nacken kastanienbraun, Kehle schwarz, Bauch gräulich weiß; Weibchen: braune Oberseite, schmutzigweißer Bauch; bis 15 cm, sehr gesellig, fühlt sich in Wald und Stadt wohl; Stammgast vieler Straßencafés, nistet stets mit derselben Dame im selben Nest, manchmal sogar in großen Supermärkten; wird bis zu 14 Jahre alt, in Gefangenschaft sogar bis 23; legt 4 bis 5 Eier verschiedenster Färbungen.

Star

Wird oft mit Amsel verwechselt, ist aber mit 22 cm nicht so groß und geht über den Boden (Amsel hüpft); Männchen hat metallisch glänzendes, schwarzgrün-violettes Federkleid, im Winter graugold getupft; Weibchen braun und stärker gepunktet mit weißen Spitzen; sehr gesellig, überall in der Stadt anzutreffen; gibt klickende, schnalzende Laute von sich und kann andere Vögel und Umweltgeräusche nachäffen; Weibchen legt 4 bis 7 große, helle Eier, die mit dem braven Männchen ausgebrütet werden.

Flugbilder der heimischen Greifvögel

1. Turmfalke
Spannweite: 75 cm; Bisstöter (tötet seine Beute mit einem gezielten Biss in den Halswirbel), jagt vorwiegend große Insekten, Mäuse und Eidechsen; leicht zu erkennen an den spitzen Flügeln und der schwarzen Binde am Schwanzende; oft nahe an Straßen über Wiesen zu sehen, wo er hoch in der Luft steht und mit seinen Flügeln rüttelt, um Beute aufzuscheuchen, die er nach pfeilschnellem Sturzflug reißt.

2. Wanderfalke
Spannweite: 100 cm; Bisstöter; schnellster Vogel der Welt (mehr als 200 km/h); reißt im Flug Tauben, Stare, Möwen und Watvögel; Körperbau kräftiger als bei anderen Falken; vor 40 Jahren durch Pflanzenschutzmittel fast ausgerottet; Bestand wächst, steht aber noch immer als »gefährdet« auf der Roten Liste (ein internationales Verzeichnis, das Tiere und Pflanzen auflistet, deren Bestand bedroht ist).

3. Kornweihe
Spannweite: 105 cm; Bisstöter; jagt Kleinsäuger und Kleinvögel; unterscheidet sich von Wiesen- und Rohrweihe durch eulenartigen Kopf und weißen Fleck auf der Oberseite des Schwanzes; gilt als vom Aussterben bedroht

durch Zerstörung von Auenlandschaften (Vegetationsräume an Flüssen und Seen) und Aufforstungen in Mooren.

4. Habicht
Spannweite bis 110 cm; Grifftöter (tötet mit den Klauen); jagt Kaninchen, Eichhörnchen und Vögel.

5. Mäusebussard
Spannweite bis 130 cm; Grifftöter; jagt Mäuse, Amphibien und Reptilien; gilt als häufigste Greifvogelart in Europa.

6. Schwarzmilan
Spannweite bis 150 cm; Bisstöter; ernährt sich von Fischen, Amphibien, Reptilien und Insekten; zieht im Winter in wärmere Breiten; erkennbar an seinem leicht gegabelten Schwanz; gilt als der häufigste Greifvogel der Welt, steht in Mitteleuropa aber als »gefährdet« auf der Roten Liste.

7. Rotmilan
Spannweite bis 160 cm; Bisstöter; unterscheidet sich vom Schwarzenmilan durch die starke Gabelung der Schwanzfeder, seine rötliche Färbung, die kontrastreicheren Flügelunterseiten und die hellen Federn kurz vor den Flügelspitzen; ernährt sich von Kleinsäugern, Fischen, Vögeln, Aas (totes Tier) und jagt gelegentlich auch anderen Greifvögeln ihre Beute ab.

8. Steinadler
Spannweite bis 200 cm; Grifftöter; in Deutschland nur in den Alpen zu finden; jagt Gams- und Rehkitze, Murmeltiere, Schneehasen; auf der Roten Liste als »stark gefährdet« eingestuft.

9. Seeadler

Spannweite bis 240 cm; Grifftöter; gilt als größter Greifvogel Mitteleuropas; lebt an Küsten und Binnengewässern (Seen, Flüsse) und jagt Fisch (bis 8 kg schwer!), junge Robben, Füchse und Schwäne; wird bis zu 40 Jahre alt; leicht zu erkennen durch seine fast kantigen, brettartigen Flügel; steht als »gefährdet« auf Roter Liste.

1. Turmfalke

2. Wanderfalke

3. Kornweihe

4. Habicht

5. Mäusebussard

6. Schwarzmilan

7. Rotmilan

8. Steinadler

9. Seeadler

Bäume, die man kennen muss

Hand aufs Herz: Wie viele Bäume kannst du bei einem Waldspaziergang genau bestimmen? Zwei? Drei? Der Wald hat für die Menschen eine extrem wichtige Bedeutung, und zwar nicht nur als Lieferant für Brennstoff und Baumaterial. Bäume sind der wichtigste Produzent von Sauerstoff, ohne den Menschen und Tiere nicht leben können. Um ihn herzustellen, bauen sie zudem auch noch ein giftiges Gas ab, das durch die Verbrennung von Rohstoffen entsteht und immer stärker für die Klimaerwärmung (»Treibhauseffekt«) verantwortlich ist: Kohlendioxid. Die Bäume nehmen es über die Unterseite der Blätter mit Hilfe der Sonne auf (Photosynthese), verwandeln einen Teil davon in Kohlenstoff, den sie zum Wachsen brauchen und scheiden nachts wiederum über die Blätter als »Abfallprodukt« Sauerstoff aus.
Am Beispiel einer 100 Jahre alten Buche lässt sich schnell erkennen, was alles in einem Baum steckt. Solch eine Buche trägt etwa 200000 Blätter, die eine Fläche größer als die eines 50-Meter-Beckens im Schwimmbad zudecken würden. Diese Buche produziert pro Stunde fast 2 Kilogramm Sauerstoff – etwa so viel, wie 50 Menschen in einer Stunde zum Atmen benötigen. Viele Bäume lassen sich zudem nicht nur als Bau- oder Brennholz nutzen, sondern auch für die Herstellung von Heilmitteln und anderem.

Ahorn

Häufig auftretender Laubbaum mit unverwechselbaren Blättern (das Ahorn-Blatt ist Symbol der kanadischen Nationalflagge) und auffälligen, zweigeteilten Fruchtblättern, deren geöffnete Fruchtkapsel man sich auf die Nase zwicken kann. Wächst meist einzeln oder in kleinen Gruppen. Feld-, Spitz- und Bergahorn sind in der Größe sehr unterschiedlich. Bergahorn wird bis zu 30 Meter hoch und bis zu 500 Jahre alt. Gutes Grillholz.

Birke

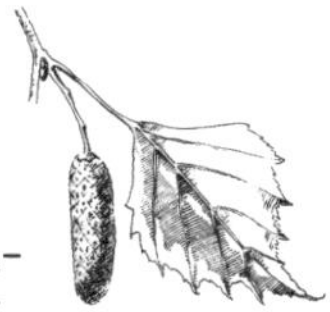

Ein Baum, der es in sich hat und den man am leichtesten an der weißen Rinde mit schwarzen Längsrissen und den regenwurmlangen, gelbgrünen, nach unten hängenden Blüten erkennt. Wird 10 bis 20 Meter hoch und bis zu 120 Jahre alt. Die weiße Haut der Rinde ist der beste Zunder zum Feuermachen. Sie enthält Birkenteer und brennt wie das Holz selbst auch bei Regen. Die faserreiche Innenrinde zwischen Außenrinde und Baumstamm ergibt – in Streifen geschnitten – gekocht eine nahrhafte Notmahlzeit. Aus dem zuckerhaltigen Saft, der im Frühjahr durch Anzapfen des Stammes gewonnen wird, werden Mittel gegen Rheuma und Gicht sowie Haar- und Hautkosmetikprodukte hergestellt. Er lässt sich auch zu Birkenwein vergären. Aus den Blättern lässt sich ein Tee gewinnen, der nicht nur bei Gelenkschmerzen hilft, sondern auch gegen Fieber und Nierenbeschwerden.

Buche

Dieser Riese ist mit Abstand der häufigste Laubbaum in Deutschland. Er macht 20 Prozent des gesamten Baumbestandes aus und wird auch »Mutter des Waldes« genannt, weil die Buche mit ihren riesigen Wurzeln und ihrem Laub den Boden auflockert und damit allen Pflanzen hilft. Ihre Rinde ist glatt und grau. Wird bis zu 50 Meter hoch und bis zu 300 Jahre alt. Das Holz ist hart und wird sehr von Möbelbauern geschätzt. Brennt mit lang anhaltender Glut. Die Nussfrüchte – Bucheckern – schmecken nicht nur Tieren, sondern geben auch für den Menschen im Notfall eine schmackhafte Nahrung ab.

Eiche

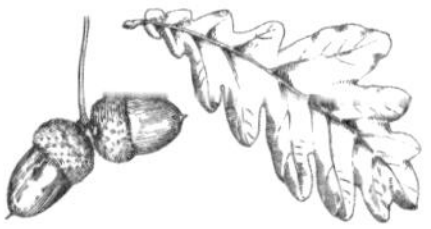

Von vielen Legenden umrankter Laubbaum mit sehr hartem, edlem Holz. Kann in Ausnahmefällen sogar bis 60 Meter hoch und über 1000 Jahre alt werden. Bestes Bau-, Möbel- und Brennholz. Trotzt auf ihrer senkrecht in den Boden wachsenden Pfahlwurzel fast jedem Sturm. Ihre Rinde ist dunkelgrau bis braungrau tief gefurcht, die Blätter haben auf jeder Seite 5 bis 7 rundliche, glattrandige Lappen. Aus den Eicheln mit ihren mützenartigen Fruchtbechern lassen sich mit Streichhölzern putzige kleine Männchen basteln. Bis ins Mittelalter wurde das Mehl entbitterter Eicheln zur Streckung von Getreide verwendet, da die Früchte viel Eiweiß, Stärke und Fett enthalten. Noch heute helfen sie als Eichelkaffee oder Schokolade bei Durchfall und Magenschwäche und dienen der Schweinemast. Wegen ihrer Widerstandsfähigkeit gilt sie in vielen europäischen Kulturkreisen als Symbol für Standhaftigkeit, Treue und Heldentum. Daher sind Eichenlaub und -früchte auch oft auf Wappen oder Rangabzeichen von Uniformen zu finden.

Eibe

Immergrüner, bis 20 Meter hoher Nadelbaum mit knorrig wirkendem Stamm (oft mehrstämmig) und dünner Rinde,

die sich in Schuppen ablöst. Wachsen auch als Sträucher. Bringt winzige Zapfen (Samen) hervor, die von einem kleinen, scharlachroten Mantel umgeben sind, Scheinbeere genannt. Kann über 1000 Jahre alt werden. Ihr Holz ist extrem fest und zugleich elastisch, weswegen unsere Vorfahren aus ihm Bogen und Armbrüste fertigten. Bis auf den roten Samenmantel ist alles an der Eibe sehr giftig. Daher nie auf eine Eibe klettern, keine Beeren essen und auch kein Eibenholz verbrennen.

Fichte

Kein Baum wächst bei uns höher als dieser immergrüne Nadelbaum: Die Fichte kann bis zu 70 Meter hoch, 2 Meter breit und 600 Jahre alt werden. Sie ist mit der Kiefer der häufigste Baum in Deutschland. Ihr Stamm ist kerzengerade und liefert bestes Bauholz. Sie wird oft mit der Tanne verwechselt. Liefert wertvolle ätherische Öle.

Kastanie

Einer der beliebtesten Laubbäume mit großer, breiter Krone, fünf- bis siebengliedrigen Blättern, großen Knospen, orchideenhaften Blüten und glänzendbraunen Samen, den Kastanien, die in grünen, stacheligen Kapseln heranwachsen. Bis 30 Meter hoch, 2 Meter dick und 300 Jahre alt. Am meisten verbreitet ist in Deutschland die Rosskastanie, deren Früchte für den Menschen ungenießbar sind, da die Esskastanie warmes Klima bevorzugt. Der Stamm wächst nicht geradlinig, sondern in sich gedreht.

Kiefer

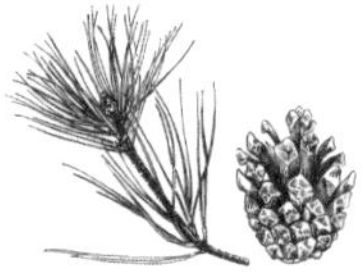

Immergrüner Nadelbaum, bis 600 Jahre alt, bis 45 Meter hoch. Rinde rotbraun, Krone abgerundet. Ihr Stamm wächst oft krumm. Hat viel längere Nadeln als Fichte und Tanne. Die Zapfen der Kiefer sind nicht länglich, sondern rundlich.

Lärche

Der einzige Nadelbaum, der seine Nadeln (nach sattgelber Verfärbung) im Herbst abwirft. Wird bis zu 50 Meter hoch und bis zu 800 Jahre alt. Typischer Gebirgsbaum. Nadeln wachsen straußförmig aus den Knospen. Sein Holz ist von allen Nadelbäumen das hochwertigste, weil es schwer und hart und widerstandsfähig gegen Wettereinflüsse ist. Wenn es alt wird, bekommt es eine tiefbraune Farbe, gut zu beobachten an Almhütten und alten Gebirgsgehöften.

Linde

Legendär wie die Eiche. Braucht allein 150 Jahre, bis sie ausgewachsen ist. Bis zu 35 Meter hoch, wird die Linde im Schnitt 800 Jahre alt, auch 1000 sind keine Ausnahme. Die kleinen gelben Blüten entspringen im Mai der Mitte eines länglichen Flugblatts, aus dem dann auch die winzigen Früchte wachsen: kleine, hölzerne, von Samt überzogene Nüsschen. Schon im Mittelalter war die fiebersenkende Wirkung von Lindenblütentee bekannt. Wie der Eiche sagten die Germanen auch der Linde Heils- und Weissagungskräfte nach. Sie hielten unter ihren Blättern das Thing ab, eine Versammlung, bei der wichtige Entscheidungen und Urteile gefällt wurden. Daher spricht man auch von »Gerichtslinden«. Einige aus dem Mittelalter stehen heute noch. Sie wurden früher auf markanten, weithin sichtbaren Punkten wie Hügeln gepflanzt. Wer sie erreichte, durfte nicht mehr verurteilt werden.

Pappel

Weidengewächs, steht an Gewässern, aber auch auf kargen Sandböden. Unregelmäßiger, bis 35 Meter hoher Wuchs, bis 300 Jahre alt. Dicke, dunkelgraue Rinde (Schwarzpappel), die x-förmig aufplatzt. Weit ausladende Äste mit breiter Krone. Ihre großen Blätter (oft dreieckig gezackt zugespitzt, bis 12 Zentimeter) wackeln schon bei leichtem Wind (es gibt auch eine Zitterpappel). Pyramidenpappeln in Flussauen sind an spitz nach oben stehenden Ästen zu erkennen. Wächst sehr schnell und treibt auch aus abgesägtem Stamm einen neuen Baum. Samen sind von weißen Fäden umgeben, die Ende Mai/Anfang Juni wie Wattebüschel bis zu 50 Kilometer durch die Luft fliegen und sich als »Pappelschnee« auf dem Boden zusammenklumpen.

Tanne

Immergrüner Nadelbaum, aber viel seltener als die Fichte und oft mit ihr verwechselt. Wird bis 600 Jahre alt und maximal 65 Meter hoch. Leichtestes Unterscheidungsmerkmal zur Fichte sind die Zapfen, die nicht hängen, sondern wie Weihnachtskerzen auf den Ästen stehen und auch nicht abfallen, sondern sich am Ast auflösen. Tannen sind viel sturmsicherer als Fichten, da ihre Wurzeln nicht flach, sondern tief wachsen. Die Nadeln sind dicker und dichter, auf der Oberseite meist dunkelgrün, die Unterseite ist in zwei bläulich weiße Spaltöffnungen mit einer Mittelrippe unterteilt. Und: Tannennadeln stechen nicht (Sprichwort: Die Fichte sticht, die Tanne nicht). Rinde: hellgrau. Tannenholz wird bei Saiteninstrumenten oft als Resonanzboden verarbeitet.

Wie man auf Bäume klettert

Grundregel: Immer wenigstens mit einem Fuß sicher auf einem ausreichend dicken Ast stehen und gleichzeitig mit einer Hand an einem anderen festhalten – der Weg nach oben sollte dort zu Ende sein, wo dies nicht mehr möglich ist. Kniffelige Stellen für den Abstieg merken und trockene oder morsche, auch im Sommer blattlose Äste meiden, da sie schnell brechen können. Falls im unteren Bereich Äste zum Aufstieg fehlen, größeren Ast von oben herunterziehen und daran hochziehen; bist du nicht allein, lass dir mit einer Räuberleiter helfen; der Letzte kann hochgezogen werden. Ist der Stamm nicht zu dick, kann ein fester Ledergürtel als Aufstiegshilfe genutzt werden: eng zu einem Ring zusammenschnallen, hineinsteigen und über den Fußknöcheln spannen, indem du die Füße auseinanderstellst; Stamm mit den Armen möglichst weit oben umfassen, Beine nachziehen, Beinzange fest um den Stamm klammern, mit den Händen nach oben nachgreifen, Beine wieder hinterher ziehen … und schon kletterst du wie ein Affe.

Auf keinen Fall während des Kletterns irgendetwas in den Händen halten und darauf achten, dass alles, was unbedingt mitmuss, so am Körper befestigt ist, dass es nicht behindert oder bei einem Fall verletzen kann.

Wie man ein Baumhaus baut

Das Schwierigste am Baumhausbau ist, einen geeigneten Baum zu finden, in dessen Ästen sich eine stabile Konstruktion bauen lässt. Obstbäume wie Apfel, Birne oder Kirsche eignen sich gut. Ein paar hineingeschlagene Nägel bringen einen starken Baum nicht um. Es sollte aber ein ausgewachsenes Exemplar sein, kein Jungbaum.

Benötigtes Material: 5 bis 10 m langen, dicken Strick; 2 bis 3 Holzpfähle als tragende Balken, etwa 1,5 bis 2 m lang und 5 bis 7 cm dick; mehre Holzlatten als Bodenbretter (etwa 1,5 m lang, 10 cm breit und 2 bis 3 cm dick, Äste gehen auch – sollten aber mindestens 5 cm dick sein); Säge, Hammer, lange Zimmermannsnägel und einen Erwachsenen, der Zeit zum Baumhausbauen hat.

Für die Holzpfähle (oder zugeschnittenen Äste), die als Brettauflage dienen, drei, besser vier dicke Äste des Baumes aussuchen und auf gleicher Höhe mit starken Stricken mehrfach an den Ästen festbinden. Wo es möglich ist, Astgabeln als Auflage nutzen. Jeden Balken pro Ast mit einem Nagel sichern. Geht noch einfacher (und ist noch sicherer), wenn vor dem Festbinden kurze Kanthölzer oder dicke Keile als kleine Auflagen für die Seitenbalken in die Äste genagelt werden.
Bodenbretter (oder auch gerade, kleinere Pfähle oder Äste) über die zwei bis drei Holzpfähle legen (eventuell vorher zusägen), dann an beiden Seiten festnageln (oder mit dünnerem Strick festzurren).
Ein Dach lässt sich am schnellsten errichten, indem ein Strick zwischen zwei Ästen etwa in Kopfhöhe über dem Boden des Baumhauses gespannt und mit einer alten

Decke, dunklen Planen oder Ähnlichem wie ein Zeltdach gespannt und am Baumhausboden befestigt wird; besser noch, aber schwieriger: zwei weitere Holzpfähle in etwa 1,5 Meter Höhe über dem Baumhausboden in der Krone befestigen, um sie als Trägerbalken für ein Dach aus Brettern, Wellblech oder Pappe zu verwenden.
Der coolste Aufstieg: ein dickes Seil mit Knoten in oberschenkellangen Abständen, das mit einem Palstek oder Zimmermannsknoten (siehe *Die wichtigsten Knoten*) neben dem Baumhaus angebunden und bei Bedarf eingezogen wird.

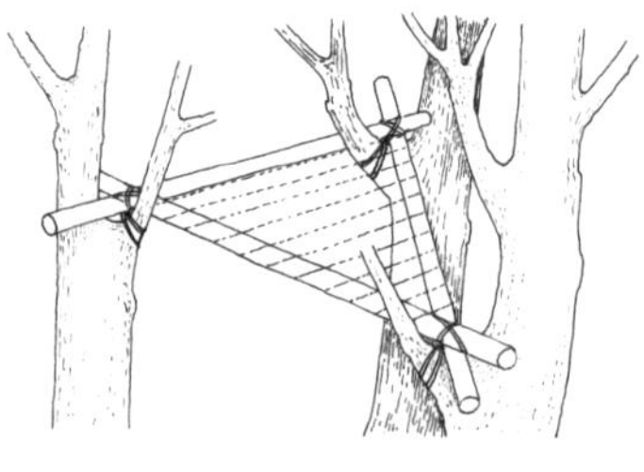
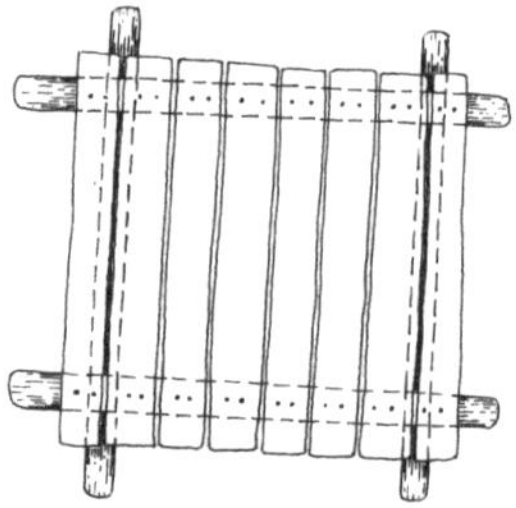
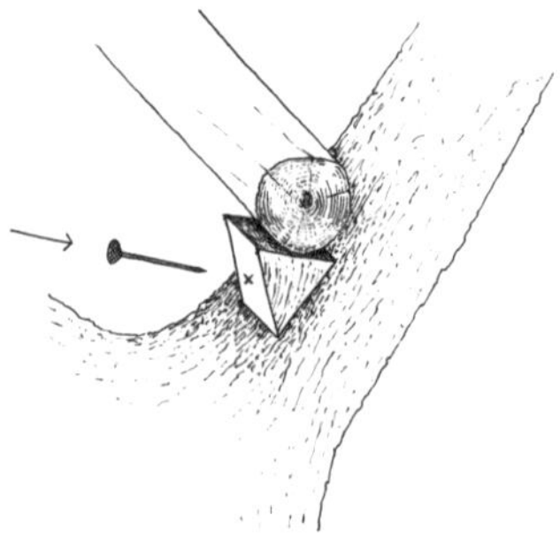
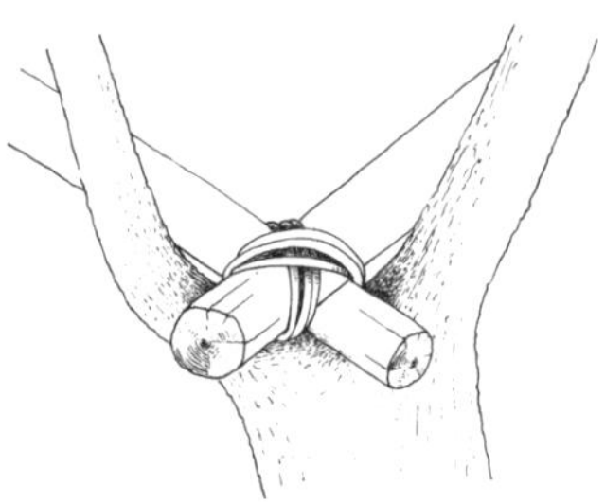

ALLES FÜR KLEINE AGENTEN UND DETEKTIVE

Geheimtinte

Als Geheimtinte eignen sich Flüssigkeiten, die Eiweiß enthalten, weil es sich bei Hitze verfärbt – wie Milch, das Weiße vom Ei oder Kartoffelsaft. Funktioniert auch mit Zitronensaft oder Essig. In einen alten Füllfederhalter füllen oder stiftähnliches Holzstück (Kochlöffel, Pinsel) in Flüssigkeit tunken, auf weißes Papierblatt schreiben und gut trocknen lassen. Die Schrift wird sichtbar, wenn du das Papier eine Weile langsam hin und her bewegend vor eine angeschaltete Glühbirne oder brennende Kerze hältst. Funktioniert auch mit einem Bügeleisen (bei allen drei Methoden musst du aufpassen, dass das Blatt nicht Feuer fängt, am besten also erst mal mit einem Erwachsenen probieren).

Verschlüsselte Botschaften

Noch besser als Geheimtinte, da viel schwieriger zu entschlüsseln, sind Geheimschriften, die mit einem geheimen Code verschlüsselt werden. Es gibt viele verschiedene Methoden.

Buchstaben-Verschlüsselung
Zwei Alphabet-Reihen aufschreiben: Die obere von A bis Z, die untere hingegen beginnt mit einem anderen Buchstaben, zum Beispiel L. Hinter das L werden dann – in alphabetischer Reihenfolge – alle 25 anderen Buchstaben des Alphabets geschrieben. Wichtig ist, dass sämtliche

Buchstaben in der oberen und unteren Reihe genau übereinanderstehen, damit es beim Ver- und Entschlüsseln keine Fehler gibt:

A	B	C	D	E	F	G	H	I	J	K	L	M	N	O	P	Q	R	S	T	U	V	W	X	Y	Z
L	M	N	O	P	Q	R	S	T	U	V	W	X	Y	Z	A	B	C	D	E	F	G	H	I	J	K

Nehmen wir an, die zu verschlüsselnde Botschaft lautet »*Das Schwein ist Hein*«. Um diese Worte zu verschlüsseln, ersetzt du Buchstabe für Buchstabe mit jenen des verschlüsselten Alphabets. Aus »D« von »Das« wird im verschlüsselten Alphabet ein »O«, aus »A« ein »L«, aus »S« ein »D«. Das Wort »DAS« heißt verschlüsselt also »OLD«. Da du natürlich sowohl Großschreibung als auch Leerstellen in der Verschlüsselung weglassen musst, da sie sonst zu einfach zu knacken ist, wird aus *Das Schwein ist Hein* schließlich *OLDDNSHPTYTDESPTY.* Aus ä, ö und ü werden wie im Kreuzworträtsel ae, oe und ue, aus dem scharfen »ß« ein »ss«. Vorher muss noch verabredet werden, woran erkennbar sein soll, mit welchem Buchstaben das verschlüsselte Alphabet beginnt. Eine Möglichkeit wäre, den ersten Buchstaben des verschobenen Alphabets dem verschlüsselten Wort voranzustellen – in diesem Fall das L. Wenn der Empfänger das verschlüsselte Wort *LOLDDNSHPTYTDESPTY* liest, weiß er, dass das verschobene Alphabet mit L beginnt, schreibt ein normales Abc auf, setzt das verschlüsselte darunter und kann sich ans Entschlüsseln machen.

Nummern-Verschlüsselung

Zur Verzweiflung treibt man Code-Knacker, wenn man Buchstaben mit nichtssagenden Zahlen- oder verwirrenden Buchstabenkombinationen verschlüsselt.

Male ein Schachbrett mit einer Kantenlänge von fünf Kästchen. Numeriere die obere und linke Seite von 1 bis 5, die rechte und untere zum Beispiel von V bis Z (in den Ecken beginnen). Dann verteile über den 25 Kästchen alle Buchstaben des Alphabets (da das Abc aus 26 Buchstaben besteht, ist klar, das ein Buchstabe eine Doppelbedeutung haben muss, z. B. das I, das ja ohnehin fast wie ein J aussieht).
Um Buchstaben mit Hilfe dieses Koordinatensystems zu chiffrieren, legt man nun zum Beispiel fest, dass als erste Zahl die senkrechte, dann die waagerechte Koordinate angegeben wird. Ein Buchstabe wird also über zwei Zahlen chiffriert. Aus einem I wird in unserem Beispiel 42, aus X wird 35.

	1	2	3	4	5	
1	A	B	C	D	E	Z
2	F	G	H	I	K	X
3	L	M	N	O	P	Y
4	Q	R	S	T	U	W
5	V	W	X	Y	Z	V
	Z	X	Y	W	V	

Der Empfänger, der dieses Schema kennt, kann so leicht aus dem Zahlensalat 5511321341544151333411131144 die Botschaft *ZAHLDUDENSALAT* herauslesen. Die Buchstabenvariante liest sich so:
VVZZXXYZZWWVZWZVYYWXZZYZZZWW.

Zauberkästchen

Ein Hit für Kurzbotschaften verbirgt sich hinter *4DEE-PETIERESTTRSEAHTR5*, was schwachsinnig klingt.

Nehmen wir mal an, die wichtige, zu verschlüsselnde Botschaft heißt: DERTAETERHEISSTPETER (*Der Täter heißt Peter*). Das sind ohne Leerstellen und mit umgewandelten Sonderbuchstaben 20 Lettern, die zum Beispiel in vier Zeilen von je fünf Kästchen verteilt werden können. Male die Kästchen auf, schreibe die Botschaft waagerecht hinein und verschlüssele sie, indem du nun die Buchstaben senkrecht nach unten von links nach rechts neu ordnest. Die beiden Zahlen vor und hinter dem Wort verraten dem Empfänger, dass das verschlüsselte Wort von oben nach unten in vier Zeilen mit je fünf Kästchen geschrieben werden muss. Hat er das getan, braucht er nur die Zeilen waagerecht lesen und weiß, wer der Täter ist.

D	E	R	T	A
E	T	E	R	H
E	I	S	S	T
P	E	T	E	R

Grundwissen für Detektive

Aus deinem Garten verschwinden auf mysteriöse Weise Äpfel, Birnen, Kirschen? Die Lieblings-CD löst sich in Luft auf? Jemand wühlt in deinen geheimen Büchern rum? Man erzählt schräge Geschichten über dich? Höchste Zeit, eigene Ermittlungen aufzunehmen!

Gipsabdruck

Gauner und Ganoven hinterlassen brauchbare Spuren oft mit ihren Schuhen, wenn sie etwa auf weichem Grund

Abdrücke hinterlassen. Mach es wie die Kriminalpolizei: Fertige einen Gipsabdruck von der Spur an. Dafür brauchst du eine Pappkrause (etwa 5 cm breit, 30 cm lang, die beiden Enden mit Büroklammern verbinden); diese Krause wird um die Spur gelegt, leicht in die Erde gedrückt und dann mit frisch angerührtem Gips ausgegossen. Nach 15 Minuten kannst du den gehärteten Gips aufnehmen. Mit einer Bürste Erdreste entfernen, und schon hast du vielleicht das erste Beweisstück gefunden! Bewahre es in einer durchsichtigen Plastiktüte auf und lege eine kleine Karteikarte dazu, auf der du alle wichtigen Daten zu dem Fund (Ort, Zeit, Besonderheiten) aufschreibst. Auch Abdrücke von Reifen aller Art können für die Detektivarbeit wichtig sein.

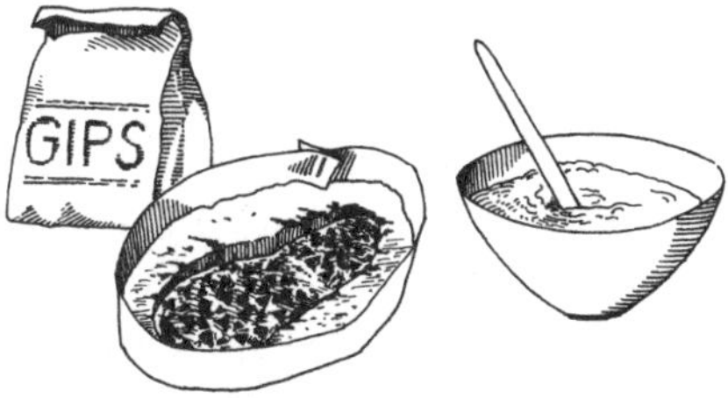

Abhöranlagen

Wenn Gespräche hinter verschlossen Türen belauscht werden müssen, mit bloßen Ohren aber nicht zu verstehen sind, solltest du nicht die Hände in den Schoß legen. Nimm einen Becher oder ein Glas, leg es mit der offenen Seite auf die Tür und halte das Ohr an den Glas- oder Becherboden – das wirkt wie ein kleiner Verstärker. Oder du baust dir ein richtiges Detektiv-Stethoskop. Dazu brauchst du lediglich ein Stück Gartenschlauch und einen Trichter. Stutzen in ein Schlauchende stecken, mit Klebeband befestigen. Den Trichter ans Fenster/an die Tür, das andere Schlauchende ans Ohr.

Fingerabdrücke

Unsere Finger hinterlassen beim Berühren fast aller glatten Oberflächen einen hauchdünnen, schmierigen Film aus Eiweiß, Fett, Salz und Säure, den die Haut ständig neu produziert. Für die Kriminalpolizei ist ein Fingerabdruck Gold wert, denn die Linien verlaufen bei jedem Menschen anders und sind daher ein perfektes Erkennungsmittel. Das Sichern von Fingerabdrücken (die Profis sagen *Daktyloskopie*, griechisch für »Fingerschauen«) gehört zur Grundausbildung eines jeden Kripobeamten oder Detektivs.

Probiere es doch mal selbst: Nimm zunächst einen weichen Pinsel, tauche ihn in Abdruckpulver wie feinen Kakao oder Talkum und klopfe oder tupfe es vorsichtig auf die verdächtige Fläche (gutes Abdruckpulver lässt sich auch leicht selber machen: für helle Oberflächen Bleistiftmine, für dunkle Flächen Kreide an feinem Sandpapier zerreiben). Überflüssiges Pulver wegpusten (nicht einatmen!) oder mit Pinsel leicht wegwischen – nun solltest du den Fingerabdruck sehen! Auf jeden Fall erst mal eine Probe mit den eigenen zehn Fingern machen (z. B. auf sauberer Glasfläche). Konserviere jeden sichtbar gemachten Abdruck, indem du ein Stück transparentes Klebeband auf ihn presst, dann wieder abziehst, auf Papier klebst (helles Papier bei dunklem Pulver und umgekehrt) und ihn beschriftest.

Periskop

U-Boot-Kapitäne nutzen es, um die Wasseroberfläche zu beobachten, ohne selber entdeckt zu werden, Detektive schätzen es an Land aus dem gleichen Grund: ein Periskop. Du brauchst zwei kleine Spiegel, Klebstoff und einen leeren Milchkarton. Je ein rechteckiges Loch unten auf der einen und oben auf der anderen Seite mit einer Schere oder einem Cuttermesser (Vorsicht: sehr scharf!) auf drei Seiten einschneiden (die Seite an Boden/Decke nicht einschneiden), so dass die entstehende Tür 45 Grad nach innen gebogen und der Spiegel dort aufgeklebt werden kann. Wenn die Spiegel lang genug sind, kannst du sie auch, wie auf der Zeichnung, seitlich in den Karton stecken. Fertig!

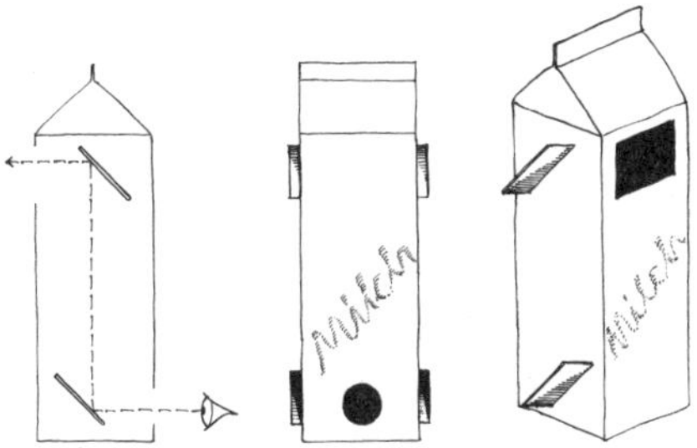

Fallen stellen

Willst du wissen, ob jemand in deinem Zimmer rumspioniert hat, kannst du eine Falle stellen. Nimm ein Haar oder einen ganz dünnen Zwirnfaden unauffälliger Farbe und fixiere ihn mit Hilfe von winzigen Tropfen durchsichtigen Klebstoffs an unauffälligen Stellen von Türkante und Rahmen. Oder klemme einen gefalteten Papierschnipsel beim Schließen in die Tür. Fällt er nicht vor deinen Augen runter, wenn du die Tür wieder öffnest, oder sind Faden/Haar gerissen, heißt das, dass jemand vor dir im Raum war.

Bei einem Buch reicht es aus, ein Haar an eine Stelle zu legen, wo es sofort herausfallen muss, wenn das Buch geöffnet wird. Steht es im Regal zwischen anderen Büchern, klemme ein kleines Stück Papier zwischen zwei Bücher. Wenn Haare oder Papierschnipsel nicht mehr an ihrem Platz liegen, weißt du, dass jemand da war oder in deinen Sachen gesucht hat.

DIE BESTEN SPIELE, DIE MAN NICHT KAUFEN MUSS

Murmelbahn bauen

Eine Riesengaudi: Aus drei, vier großen, alten Pappkartons, die du in jedem Supermarkt geschenkt bekommst, lässt sich schnell eine 5-Meter-Bahn bauen. Kartons mit Cutter in etwa 15 cm breite Streifen schneiden (Vorsicht beim Schneiden, auf Unterlage achten). Damit sich die Streifen leichter zu einer Rinne knicken lassen, auf der Unterseite 5 cm von den Außenrändern längs anritzen (zur Hälfte, nicht durchschneiden!). Die beiden Seitenwände von den Ritzen weg 90 Grad hochknicken. Die zugeschnittenen, geknickten Rinnen an den Enden ineinanderstecken – das Ende einer Rinne immer über den Anfang der neuen. Zur Stabilisierung Rinne an den Enden und in der Mitte mit breitem Paketklebeband umwickeln. Funktioniert schon auf einem kleinen Hügel, den du natürlich auch mit Stühlen, Kisten, Hockern, Eimern und Ähnlichem bauen kannst. Die Stützen sollten so eng beieinanderstehen, dass die Bahn nicht durchhängt. Als Doppelbahn absoluter Knaller für Geburtstagsfeste!

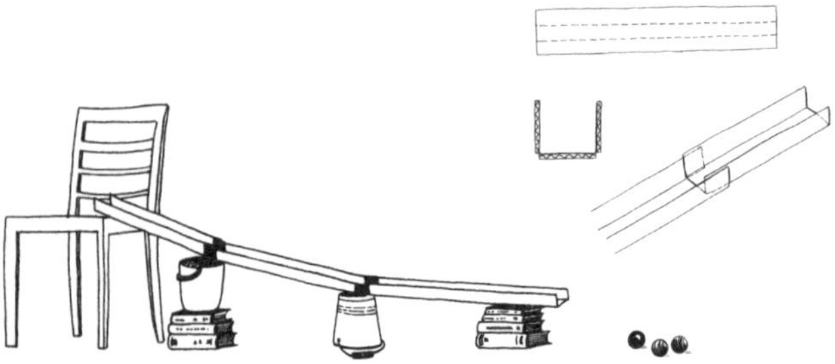

Vier gewinnt

Eigentlich ein Brettspiel für zwei Spieler, das aber auch sehr gut auf Papier funktioniert und dessen Ziel darin besteht, bei abwechselnden Spielzügen als Erster vier gleichfarbige Kästchen nebeneinander auf dem Spielfeld zu belegen. Auf ein kariertes Blatt wird ein Raster gemalt, das sieben Kästchen breit und sechs Kästchen hoch ist (zur Not selber malen!). Jeder Spieler nimmt einen Stift verschiedener Farbe, um den Anfang wird gelost. Die Farben werden gesetzt wie Ziegel bei einem Hausbau: stets von unten nach oben, wobei überall auch gleich- oder verschiedenfarbige Kästchen übereinanderstehen können. Gewonnen hat derjenige, dem es zuerst gelingt, vier eigene Kästchen in senkrechter, waagerechter oder diagonaler Linie nebeneinander zu plazieren.

Schiffe versenken

Eine spannende Seeschlacht, für die nur zwei Stifte und zwei Blatt kariertes Papier benötigt werden! Jeder Spieler zeichnet verdeckt auf sein Blatt zwei Quadrate mit einer Kantenlänge von zehn Kästchen. Das erste Quadrat stellt das eigene Meer dar, das zweite das gegnerische. Die waagerechten Kästchenreihen werden links von oben nach unten alphabetisch von A bis J benannt, die senkrechten oben von links nach rechts von 1 bis 10. Jeder Spieler verteilt nun seine Flotte im eigenen Meer: 1 Schlachtschiff (5 Kästchen nebeneinander), 2 Zerstörer (4 Kästchen), drei Kreuzer (3 Kästchen), vier U-Boote (zwei Kästchen). Die Boote müssen gerade sein und dürfen sich nicht berühren. Ein Los entscheidet, wer zuerst schießt. Für einen Schuss sucht man sich eine freie Koordinate im gegnerischen

Meer aus, z. B. E7 (das Kästchen, das waagerecht zur Reihe E gehört und senkrecht zur Reihe 7). Der Gegner kontrolliert, ob in seinem Meer unter der Koordinate E7 ein Kästchen liegt, das zu einem Schiff gehört. Wenn ja, muss er mit »Treffer« antworten. Der Angreifer macht im zweiten Quadrat unter E7 ein Kreuz und kann weiterschießen, der Angegriffene verzeichnet den Treffer ebenfalls. Geht der Schuss ins Leere, antwortet der Angegriffene mit »Fehlschuss« und ist nun selbst an der Reihe, während der Angreifer den Fehlschuss mit einem Punkt in seinem zweiten Quadrat vermerkt. Wenn ein Schiff komplett getroffen ist, wird mit »Versenkt« geantwortet. Sieger ist, wer zuerst alle Schiffe des Gegners versenkt hat.

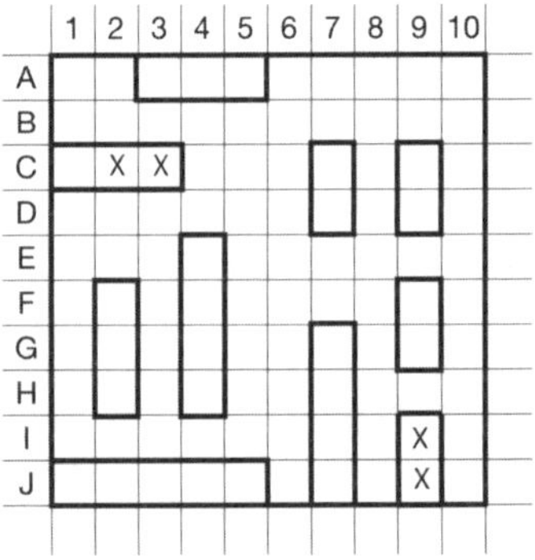

Galgenmann

Ein lustiges Spiel für helle Köpfe, bei dem derselbe am Ende in einer gezeichneten Schlinge hängt, wenn er nicht hell genug ist. Ein Spieler denkt sich ein Wort aus und malt auf ein Blatt statt der Buchstaben waagerechte Striche. Der andere muss Buchstabe für Buchstabe raten. Wenn ein richtiger dabei ist, muss der andere ihn überall dort, wo er vorkommt, an der richtigen Stelle eintragen.

Beispiel SALAMANDER: Ist der erste Buchstabe, der geraten wird, ein A, so müssen alle drei A an der richtigen Stelle notiert werden: _ A _ A _ A _ _ _ _. Glaubt der Ratende, das unvollständige Wort zu kennen, nennt er es. Liegt er falsch oder kommt ein geratener Buchstabe nicht vor, komplettiert der andere Spieler Strich für Strich und Kreis für Kreis ein Männchen, bis es hängt (und der Wortschöpfer gewonnen hat). Die Anzahl der Striche kann natürlich beliebig verändert werden.

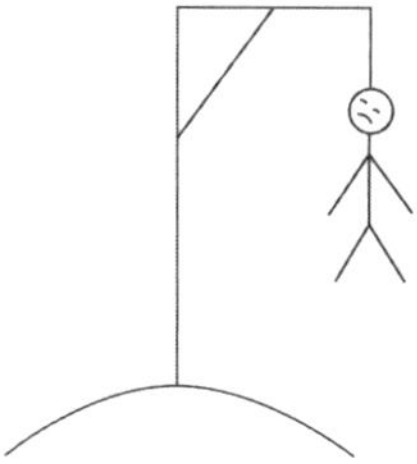

Sching, Schang, Schong

Zwei Spieler bilden mit einer Hand eine Faust, die sie wie beim Anzählen zu den Worten *Sching, Schang, Schong* dreimal aufeinander zu bewegen. Bei Schong muss jeder Spieler mit seiner Hand entweder ein Blatt Papier darstellen (flache Hand), eine Schere (von Faust abgespreizter Zeige- und Mittelfinger) oder einen Stein (Faust bleibt geschlossen). Die Punkte werden folgendermaßen verteilt: Stein schleift Schere (Punkt für Stein), Schere schneidet Papier (Punkt für Schere), Papier wickelt Stein ein (Punkt für Papier). Sind die Symbole gleich, bekommt keiner einen Punkt.

Magnetboot-Regatta

Aus zwei Weinkorken zwei Bootsrümpfe schneiden (ca. 1 cm flach). Oben wird ein Zahnstocher mit einer kleinen, angeklebten, bunten Fahne hineingesteckt, unten eine Reißzwecke. Etwa 2 Zentimeter Wasser in eine Plastikwanne gießen, Wanne auf vier Stützen (z. B. Bücher, Steine) stellen. Die Boote werden mit runden Kopfmagneten geführt, die auf eine 30 bis 40 Zentimeter lange Holzleiste geklebt werden. Boote ins Wasser, eventuell Steine als Hindernisse dazu, Rennstrecke festlegen und mit dem Magneten unter dem Wannenboden führen. Auf die Plätze, fertig, Leinen los!

Krampen-Wettschießen

Ein Papierquadrat von 5 Zentimeter Kantenlänge ausschneiden, zu einem dünnen Streifen zusammenfalten und einmal in der Mitte knicken, fertig ist die Krampe. Mit der linken Hand eine Faust machen (Linkshänder umgekehrt), Handrücken nach unten, Daumen und Zeigfinger zu einer nach oben geöffneten Zwille spreizen und Gummiband wie eine doppelte Wäscheleine über Fingerkuppen spannen. Krampe von vorn über das (doppelte) Gummiband hängen, hinten zusammenkneifen und nach hinten spannen: die Krampen-Zwille ist schussbereit! Perfekt zum Wettschießen auf Gormiti oder ähnlich kleine Figuren. Aufpassen: Nie auf das Gesicht von Menschen zielen, kann böse ins Auge gehen.

Das singende Glas

Stell vor dir ein paar Gläser auf, die eine dünne Wand und einen Stiel haben (z. B. Weingläser). Fülle sie unterschiedlich mit Wasser und feuchte die Ränder mit dem Finger an. Um die Gläser singen zu lassen, musst du mit einer Fingerkuppe gleichmäßig auf einem Glasrand kreisen. Manchmal muss der Finger erst ein paar Runden drehen, bevor ein Ton erzeugt wird. Das Reiben des Fingers versetzt das Glas in Schwingungen, die einen Ton erzeugen. Befindet sich im Glas Wasser, muss mehr Materie bewegt werden – die Anzahl der Schwingungen (die Physiker sagen *Frequenz* dazu) nimmt daher mit zunehmender Wassermenge ab. Je mehr Wasser im Glas, desto tiefer der Ton. Mit fünf, sechs Gläsern bekommt man schnell eine richtige Melodie zusammen.

UNGLAUBLICHE EXPERIMENTE

Wie man eine Rakete baut

Benötigt werden Papier, Klebeband, eine leere Filmdose mit Deckel, Wasser, Brausetablette. Zuerst Papierkreis (8 cm Durchmesser) ausschneiden, an einer Stelle bis zur Mitte einschneiden, zu Hütchen zusammenschieben (Öffnung sollte so breit wie die der Dose sein) und mit Klebeband fixieren. Diese Raketenspitze auf den Boden der Filmdose aufsetzen und ankleben. Rakete umdrehen, zu ¼ mit Wasser füllen, ¼ Brausetablette hineinwerfen, Dose sofort mit Deckel verschließen, aufrecht hinstellen und vom Startplatz entfernen. Das Wasser löst aus der Tablette Kohlenstoffdioxid. Der Druck in der Dose wird durch das sich bildende Gas nach wenigen Sekunden so hoch, dass sie vom Deckel abgesprengt wird und wie eine echte Rakete nach oben schießt.

Von der Sprengkraft der Pflanzen

Können Pflanzen Materialien wie Asphalt oder Beton kaputt machen? Na klar! Hast du sicher schon mal gesehen auf Radwegen oder in einem Garten: Baumwurzeln drücken den Belag nach oben und knacken Betonplatten. Mit einem durchsichtigen Plastikbecher, ein paar trockenen Erbsen und Bohnen aus Mamas Küchenregal und ein bisschen Gips lässt sich das eindrucksvoll überprüfen. Setze Gips für den Becher an, rühre ein paar Erbsen und Bohnen unter und kippe alles in den Becher. Schon nach wenigen Tagen bilden sich die ersten Risse im harten Gips, bis schließlich der Becher von den weichen Pflanzenkeimen gesprengt wird. Geht schneller, wenn du den Gips einmal am Tag mit ein paar Tropfen Wasser anfeuchtest.

Die unglaubliche Kraft des Luftdrucks

Was passiert, wenn du ein Glas randvoll mit Wasser füllst, den Rand komplett mit einem Stück Papier (am besten Hochglanzpapier oder feste Klarsichtfolie) abdeckst, es gegen das Glas drückst, vorsichtig umdrehst und dann die untere Hand wegnimmst? Nichts! Das Wasser bleibt im Glas!
Dieses unglaubliche Phänomen ist dem Druck der Luft zu verdanken. Denn Luft hat wie Wasser ein Gewicht (unsere Atmosphäre besteht aus Gasen wie Stickstoff und Sauerstoff – und nicht etwa aus Nichts). Die Atmosphäre drückt auf die Erdoberfläche genauso wie die Bettdecke auf dich im Bett. Selbst wenn Luft viel, viel weniger wiegt als Wasser, kommt unten am Grund der mehrere 100 Kilometer dicken Atmosphäre (also auf der Erdoberfläche) ein Druck zustande, der in alle Richtungen wirkt und ausreicht, ein flaches Blatt Papier gegen ein umgedrehtes, volles Wasserglas zu drücken, ohne dass Wasser ausläuft. Die Wassersäule im Glas könnte 10 Meter hoch sein, und trotzdem würde das Wasser nicht aus dem Glas fließen. Erst wenn die Säule höher als 10 Meter steigt, würde der Druck des Wassers schwerer werden als jener der Luft, und das Papier hielte nicht mehr.

Wettervorhersage-Station

Mit einem Barometer misst man den Druck der Luft, um das Wetter vorherzusagen. Der Luftdruck ist in Meereshöhe am größten und ändert sich mit dem Wetter. Grundsätzlich gilt: Hoher Luftdruck bedeutet schönes Wetter, tiefer Druck schlechtes. Ein funktionierendes Barometer kannst du dir leicht selbst bauen – mit einem Luftballon, einer Glasflasche mit großer Öffnung und einem Strohhalm. Schneide aus dem Ballon einen großen Kreis aus und fixiere ihn mit einem Gummiband sehr fest über der Öffnung der Flasche, damit sie völlig luftdicht ist. Tropfe etwas Klebstoff in die Mitte der Gummischeibe und klebe das Ende eines langen Strohhalms wie einen Uhrzeiger genau in die Mitte. Stelle die Flasche an einem schattigen Platz so neben eine Wand, dass der Zeiger fast parallel zur Wand steht. Klebe hinter den Zeiger an die Wand ein Blatt Papier und markiere haargenau die Stelle, wo der Zeiger steht. Kontrolliere in mehrstündigen Abständen. Steigt der Luftdruck, drückt die Außenluft die Ballonhaut leicht in die Flasche, in der geringerer Luftdruck herrscht, der Zeiger geht nach oben: Das Wetter sollte schöner werden. Fällt der Luftdruck, dehnt sich die Luft in der Flasche aus, weil sie dichter ist als die Außenluft, bläht die Ballonhaut, der Zeiger zeigt nach unten, das Wetter wird schlechter.

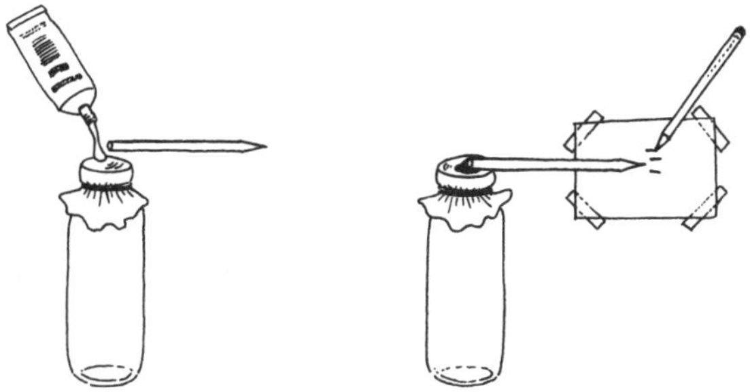

Das trinkende Glas

Gieße eine Untertasse halbvoll mit Wasser, stelle ein Teelicht hinein und zünde es an. Nimm ein hohes Glas und stülpe es vorsichtig über die Flamme. Was passiert? Während die Flamme langsam kleiner wird und schließlich erlischt, saugt das Glas das Wasser aus der Untertasse und lässt es nach oben steigen. Warum? Die Flamme erlischt, wenn der Sauerstoff, der sich im Glas befindet, vom Feuer verbraucht ist – denn ohne Sauerstoff brennt die Flamme nicht. Das Wasser hingegen wird in das Glas gezogen, da die Luft sich dort schlagartig abkühlt, wenn die Flamme erlischt. Kalte Luft ist dichter ist als warme. Beim Abkühlen zieht sich die Luft zusammen. Es entsteht ein Unterdruck, der das Wasser unter dem Glasrand hindurchsaugt, bis der Druck im Glas wieder so hoch ist wie außen.

Der unsichtbare Feuerlöscher

Stelle ein angezündetes Teelicht in ein hohes Glas. Gieße in einen durchsichtigen 1-Liter-Messbecher zwei Finger breit Essig und schütte eine Tüte Backpulver hinterher. Warte, bis das heftig schäumende Backpulver zur Ruhe gekommen ist. Stell dir vor, der Messbecher sei voll mit

Flüssigkeit – und gieße einen Teil dieser unsichtbaren Flüssigkeit davon in das Glas mit der brennenden Kerze. Die Kerze erlischt! Warum? Weil durch die chemische Reaktion zwischen Backpulver und Essig das Gas Kohlendioxid freigesetzt wurde. Da es schwerer ist als Luft, bleibt es am Boden des Messbechers. Schüttest du es langsam wie eine Flüssigkeit ins Glas (ohne den Essig, versteht sich), sinkt es auf den Boden, während die Luft mit dem Sauerstoff nach oben steigt. Da die Kerze aber ohne Sauerstoff nicht brennt, erstickt die Flamme.

Wie man eine Batterie baut

Wer eine eigene Batterie bauen will, muss Elektronen bewegen. Denn Strom ist nichts weiter als bewegte Elektronen. Elektronen sind kleinste Materieteilchen: Sie bilden die Hülle um jedes Atom. Und sie besitzen bereits eine negative Spannung. Je mehr Elektronen umso schneller bewegt werden, desto stärker der Strom. Für das Experiment brauchst du ein paar Euromünzen (mindestens 8), Essig, Salz, Aluminiumfolie, Löschpapier und eine Leuchtdiode (LED; nicht stärker als 1,5 Volt). Schneide für jede Münze gleich große Aluminiumplättchen und etwas größere Löschpapierplättchen aus. Mit Klebeband Pluspol der LED unter einem Aluplättchen befestigen. Löschpapierblättchen in die Essigsalzlösung tunken, auf die blanke Seite des Aluplättchens legen, Münze drauf. Dann abwechselnd eine Schicht Alu, vollgesogenes Löschpapier und Münze. Den Minuspol der Lampe befestige direkt auf der letzten Münze. Die Lampe sollte nun leuchten!

Warum das funktioniert? Unedle Metalle wie Aluminium geben Elektronen ab, Elektrolyt-Flüssigkeiten (wie z. B.

eine Essig-Salz-Lösung) leiten Elektronen weiter, edle Metalle (wie Kupfer oder Eisen in Münzen) nehmen Elektronen auf. Verbindet man diese drei Elemente miteinander, entsteht Strom.
Wichtig: Die Aluplättchen dürfen sich nicht untereinander berühren. Wenn die Anschlüsse der Diode zu kurz sind, verlängere sie mit einem Stück dünnem Kupfer- oder Eisendraht. Diese Batterie (»Voltasche Säule«) hat übrigens der Italiener Alessandro Volta um 1800 herum erfunden. Ihm zu Ehren trägt die Stromspannung seinen Namen – Volt.

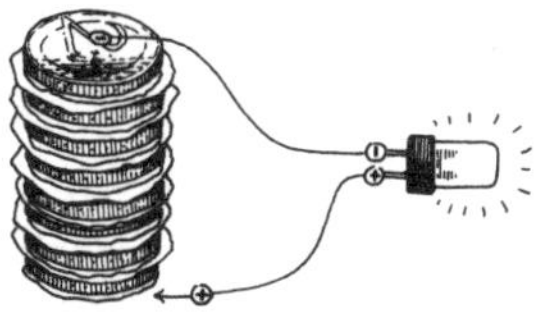

Einen Elektromagneten bauen

Du brauchst: Flachbatterie (4,5 Volt), dünnen, isolierten Draht, einen langen Nagel.
Den Nagel eng mit dem Draht umwickeln. Bevor du die beiden Drahtenden mit der Batterie verbindest (eins an den Plus-, das andere an den Minuspol), ziehe mit einer Drahtzange an jedem Ende 2 bis 3 Zentimeter der Plastikisolierung ab. Auch der blanke Draht ist in der Regel meist mit einer dünnen Lackschicht isoliert: vorsichtig mit Messer abkratzen. Sobald du das zweite Drahtende mit der Batterie verbunden hast, liegt vor euch ein funktionierender Elektromagnet, der locker ein paar Büroklammern oder Nägel anziehen kann! Warum? Weil Draht, durch den Strom fließt, ein eigenes Magnetfeld erzeugt. Bei einem geraden Draht macht sich dieses Magnetfeld kaum

bemerkbar, weil seine Stärke nach außen schnell abnimmt. Wickelt man ihn aber eng zu einer Spule auf, liegen sich im Innern der Spule viele kleine Magnetfelder gegenüber, die zusammen ein starkes erzeugen. Befindet sich in der Spule ein Eisenkern wie zum Beispiel ein Nagel, wird das Magnetfeld auf den Nagel übertragen und verstärkt. Die Magnetwirkung nimmt zu, je öfter ihr den Draht um den Nagel windet. Probiert es mit 10, 20 oder 30 Windungen aus und zählt die Zahl der Nägel, die der Magnet hebt.
WICHTIG: Der Batteriestrom (4,5 Volt oder weniger) ist ungefährlich, lediglich die Kontakte können sehr warm werden; Kabel nach dem Experiment also trennen, sonst entlädt sich zudem die Batterie.
NIEMALS mit Strom aus der Steckdose experimentieren: LEBENSGEFAHR!

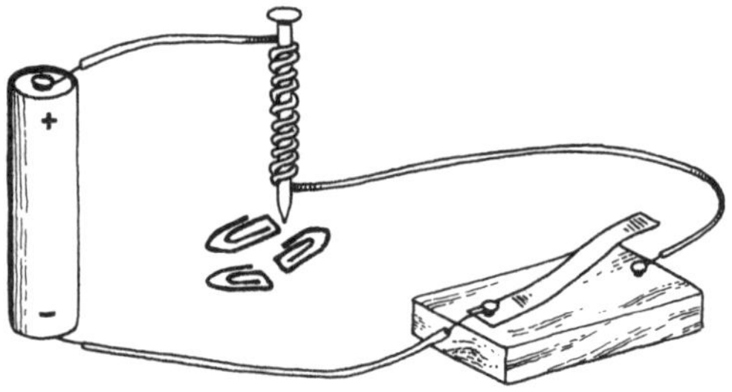

DIE BESTEN BASTELTIPPS

Daumenkino

Alles, was du benötigst, sind mindestens 20 weiße, freie, untere Ecken eines Blocks oder Buches (das natürlich niemand mehr braucht …) und einen Stift. Denk dir ein einfaches Motiv, das du langsam veränderst, z. B. ein Strichmännchen, und zeichne es auf die unterste Ecke. Wenn das Männchen einen Arm bewegen soll, zeichne alle Körperteile, die sich nicht bewegen sollen, bei dem darüber liegenden Blatt möglichst genau an der gleichen Stelle. Nur den Arm hebst du leicht an – in mehreren kleinen Schritten auf mehren Blattecken. Vielleicht noch einen geschlossenen Regenschirm dazuzaubern, fallende Regentropfen, den Schirm langsam öffnen – fertig. Zum Vorführen Ecken am besten zwischen Daumen sowie Zeigefinger und Mittelfinger klemmen, nach oben biegen und dann nach unten möglichst schnell und einzeln aufblättern: Der Daumenkinofilm läuft!

Shampoo selber machen

Wer ein Zauber-Gebräu mischen will, das meist zu nichts außer verschmierten Badezimmern oder sauren Eltern führt, hat nun endlich eine vernünftige Alternative: ein Shampoo, das wirklich funktioniert! Als Basis dienen Tee, Kernseife, Zitrone, Wasser und Safran.

- Fünf bis sechs gehäufte Teelöffel Kernseife fein zerreiben

- Zwei Beutel Kamillentee (ideal fürs Haar) mit 150 bis 200 ml heißem Wasser übergießen, fünf Minuten ziehen lassen
- Beutel raus, vier Scheiben Zitrone rein, fünf Minuten ziehen lassen
- Zitronenscheiben raus, ausquetschen, vier Teelöffel Seifenpulver rein und mit Quirl oder Schneebesen mixen, bis soßenartige Masse entsteht
- Masse durch feinmaschiges Sieb drücken, Prise Safran unterrühren, in verschließbares Fläschchen abfüllen. Und dann nix wie ab zum Duschtest!

Brause-Geysir

Richtig: Mit Lebensmitteln spielt man nicht. Wenn es aber darum geht, die Reaktion zwischen einem zuckerhaltigen Bonbon und stark kohlenstoffdioxidgashaltiger Brause zu testen, könnte man unter Anleitung der Eltern mal eine Ausnahme machen. Gebraucht werden eine 2-Liter-Flasche Coca-Cola Light, eine Packung Mentos, ein 30 Zentimeter langer Bindfaden und eine Schraubenmutter (etwas kleiner als die Mentos).

Schraubenmutter an Faden binden. Dann die vier zuvor mit einem Nagel durchbohrten Mentos auffädeln. In den Deckel der Flasche ein 5 Millimeter kleines Loch bohren, Faden durchfädeln und Mentos bis zum Anschlag an den Deckel ziehen. Den Deckel dann neben (noch nicht in) das Flaschenhalsgewinde halten und an der Flasche markieren, bis wohin die Schraube unter dem aufgeschraubten Deckel reicht und dann Flüssigkeit bis einen Daumen breit darunter abgießen. Anschließend die Flasche im Freien aufstellen, die an den Deckel gezogenen Mentos vorsichtig in den Flaschenhals stecken, zuschrauben und

ERST DANN den Faden loslassen und schnell von der Flasche entfernen. Denn die klebrig braune Fontäne schießt fast augenblicklich meterhoch aus der Flasche.

Fallschirmspringer

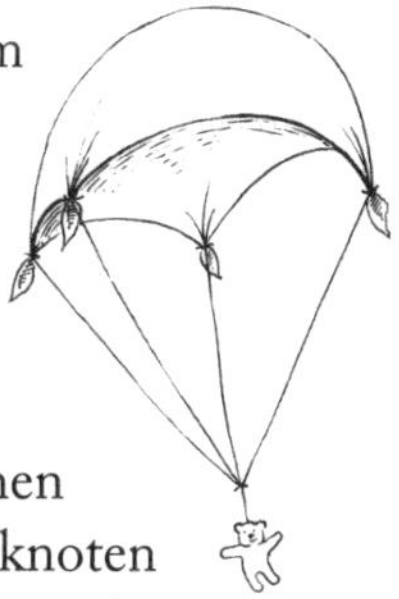

Willst du dein Pokemon am Fallschirm fliegen lassen? Dann schneide aus einer Serviette (besser: Seidenpapier) ein Quadrat mit etwa 20 bis 30 Zentimeter Kantenlänge aus. Die vier Ecken werden mit durchsichtigem Klebeband verstärkt. Kleines Loch durch die Ecken stechen und 30 Zentimeter lange Bindfäden festknoten (Schnur einfach am Eckzipfel festknoten geht auch). Die anderen Enden werden am Hals oder Oberkörper der Figuren festgeknotet. Schirm von oben in der Mitte mit zwei Fingern aufnehmen und wie ein nach unten hängendes Taschentuch zusammenstreifen; einmal falten, mit den Fäden umwickeln. Figur in den Schirm legen, der ein- oder zweimal gefaltet wird, und ab in die Luft!

Büchsentelefon

Du wirst es nicht glauben, aber es gab auch mal eine Zeit ohne Handys. Es gab sogar eine Zeit ohne moderne Schnurtelefone. Bevor die erfunden wurden, gab es Büchsentelefone, die nach demselben Prinzip funktionieren: durch Übertragung von Schwingungen. Das Sprechen versetzt die erste Büchse in Schwingung. Der Faden, der beim Gespräch gut gespannt sein muss, nimmt die Schwingungen direkt auf und leitet sie bis zum anderen Ende weiter, wo die andere Büchse durch ihren

Resonanzkörper die Schwingungen wieder verstärkt und hörbar macht.
Alles, was du brauchst, sind zwei leere Blechbüchsen (oder Joghurtbecher) und 5 bis 30 Meter feste Schnur. Steche in die Böden der Behälter in die Mitte ein Loch, stecke ein Schnurende von außen nach innen und verknote es dort so, dass es auch unter Zug nicht hinausrutscht – fertig! Du kannst sogar eine Konferenzschaltung mit mehreren Büchsen einrichten. Die zusätzlichen Leitungen müssen ebenfalls fest an der Hauptschnur verknotet werden und immer gut gespannt sein. Willst du die Hauptschnur umleiten, darf sie auf keinen Fall einen festen Gegenstand (wie z. B. ein Tischbein) berühren, da das Signal hier enden würde. Binde die Hauptschnur an eine dünne Schnur, deren anderes Ende an einem Tischbein oder Ast befestigt werden kann.

Kompass

Um einen eigenen Kompass zu bauen, brauchst du nichts weiter als einen Magneten, eine möglichst lange Nähnadel und einen Korken. Mit einer Seite des Magneten nun 10- bis 20-mal über die Nadel streichen, immer in derselben Richtung. Vom Weinkorken eine 0,5 Zentimeter dicke Scheibe abschneiden. Die Nadel von einem Rand zum anderen durch die Korkenscheibe stechen.
Was passiert, wenn diese schwimmende Korkenscheibe im Wasser liegt? Die Nadel richtet sich nach Nord-Süd aus, weil auch die Erde ein Magnetfeld hat, das von Norden nach Süden ausgerichtet und stark genug ist, die im Wasser fast schwebende, magnetisierte Nadel zu bewegen. Um herauszukriegen, welche Spitze nach Süden zeigt, orientiere dich grob an der Sonne, denn im Norden steht sie bei uns nie.

Papierschiffchen

Ein Schiff aus Papier, das in einer Minute schwimmfertig ist! Aus einer Zeitungsseite gebastelt, eignet es sich gut als Schutz, wenn man den Eltern mal beim Malern helfen darf.

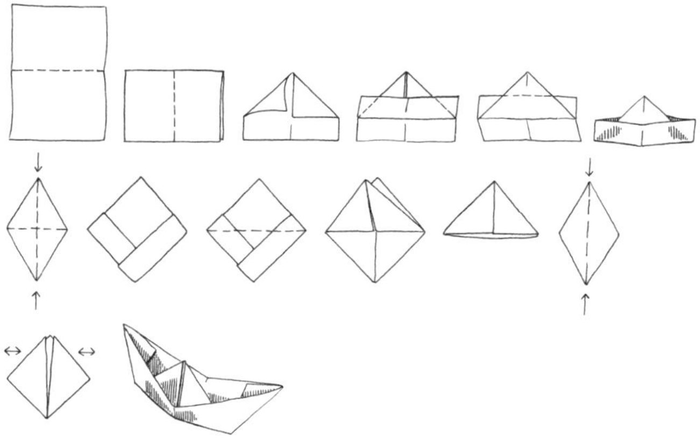

Mein erstes selbstgebautes Auto

Hier sollten Vater oder Opa mit ihren Holzwerkzeugen helfen, dann geht es schön schnell. Malt die 15 bis 20 Zentimeter lange Form eines Autos (von der Seite gesehen) auf ein Blatt Papier. Paust die Form mit Kohlepapier zweimal auf eine 4 bis 6 Millimeter starke Sperrholzplatte und sägt sie mit einer Laubsäge aus (Fenster: Markierung anbohren, Laubsägenblatt an einer Seite lösen, in Bohrloch einfädeln und wieder festspannen). Die beiden Autoseiten werden mit zwei bis drei etwa 1 Zentimeter dicken, kurzen Kanthölzern verklebt, angenagelt oder angeschraubt. Dann Achslöcher (möglichst parallel) passend für die 6 bis 8 Millimeter dicke Holzstange als Achse bohren. Vier Räder – etwa 4 Zentimeter breit – aus der Sperr-

holzplatte aussägen, Achslöcher genau mittig reinbohren. Vor dem Ankleben kleine Metallunterlegscheiben zwischen Rad und Auto auf die Achse schieben und darauf achten, dass die Räder locker genug sitzen, um sich zu drehen. Auto mit Acrylfarbe anmalen, fertig!
Tipp: Es lässt sich sehr einfach auch ein Motor in das Auto einbauen – mit einem Stück Gartenschlauch, der waagerecht und vorne etwas höher zwischen die beiden Autohälften geklemmt wird und vorne etwa 1 Zentimeter rausgucken sollte. Dort wird ein aufgeblasener, größerer Luftballon befestigt, der wie ein kleiner Raketenantrieb nach dem Rückstoßprinzip das Auto antreibt.

Dampfschiff

Papa, Opa oder einen Zigarrenhändler nach einer leeren Aluminium-Zigarrenhülse fragen. Einfachen Schiffsrumpf aus Styropor zuschneiden (1 bis 2 Zentimeter hoch, beidseitig einen Daumen breiter als ein Teelicht und etwas länger als Zigarrenhülse). Teelicht in die Mitte des Rumpfs legen und seitlich mit drei halben Zahnstochern fixieren. Je zwei weitere Zahnstocher müssen an Bug und Rumpf mittig so eng nebeneinandergesteckt werden, dass sie die Zigarrenhülse tragen, die etwa zwei Daumen über dem Teelicht liegen sollte. Kleines Loch in den Deckel der Zigarrenhülse stechen, Röhre zur Hälfte mit Wasser füllen, zuschrauben. Teelicht anzünden, Zigarrenhülse (mit dem Loch in Richtung Heck) darüber und aufs Wasser legen. Der Druck des Wasserdampfs, der durch das kochende Wasser in der Aluminiumhülse entsteht und aus dem Loch entweicht, treibt das Schiff nach ein paar Sekunden an. Nach demselben Rückstoßprinzip funktionieren auch Raketen. (Statt einer Zigarrenhülse eignet sich auch ein ausgeblasenes Ei; nachdem es zur Hälfte mit Wasser gefüllt ist, muss ein Loch wieder zugeklebt werden.)

Seifenkiste

Keine Lust mehr auf Bobby Car, aber noch zu jung für ein richtiges Auto? Du bist reif für die Seifenkiste! Lass dir von einem Erwachsenen helfen, vor allem, was das Zusägen der Bretter betrifft. Zum Bauen einer Seifenkiste (die leichte Version – ohne Kiste, nur mit Brett) brauchst du Folgendes:

- ein Sitzbrett, etwa so lang wie deine Körperlänge, nicht weniger als 2 cm dick und ca. 35 cm breit
- zwei Bretter für Achs-Halterung, 2 bis 3 cm dick, 6 bis 9 cm breit; Länge richtet sich nach Achsen
- zwei Achsen mit Rädern (Metallräder mit Gummireifen) z. B. von altem Kinderwagen (Vorder- und Hinterachse können verschieden sein; größere Räder hinten montieren!); die Achse muss von einem schützen-

den Rohr umgeben sein, in dem sie sich dreht, sonst kannst du sie nicht montieren

- mindestens vier passende Rohrschellen mit Schrauben zum Befestigen der Achsen an den beiden Holzbrettern (die Schrauben sollten etwas kürzer sein als die Bretter dick, damit sie nicht rausgucken)
- vier Schrauben mit Muttern und je zwei Unterlegscheiben zum Befestigen der Hinterachse am Sitzbrett (sollten 1 cm länger sein als Achse und Sitzbrett dick)
- Durchsteckschraube mit Gewinden an beiden Schraubenköpfen, zwei Muttern und eine Unterlegscheibe (für die Vorderachse)
- Steuerseil (am besten Kunststoffseil), 5 bis 10 mm stark und 2 m lang
- zwei Schrauben mit Ösen zum Fixieren des Steuerseils
- altes Stuhlkissen (z. B. von Gartenstühlen) und etwa 30 Polsternägel

Montage

Zunächst Räder auf Achsen montieren (beide nach dem gleichen Prinzip). Eine Achse mittig auf das Holzbrett legen. Achsrohr beidseitig etwa 5 Zentimeter von der Brettaußenkante mit Rohschellen festschrauben (das Achsrohr muss festsitzen).

Hinterachse auf das Sitzbrett montieren: Die Mitte der Achse muss genau auf der Mitte des Sitzbretts liegen. Diese Achse ist starr: Sie wird mit mindestens je zwei Schrauben vor und zwei hinter der Radachse verschraubt, oben die Schraubenköpfe, unten die Mut-

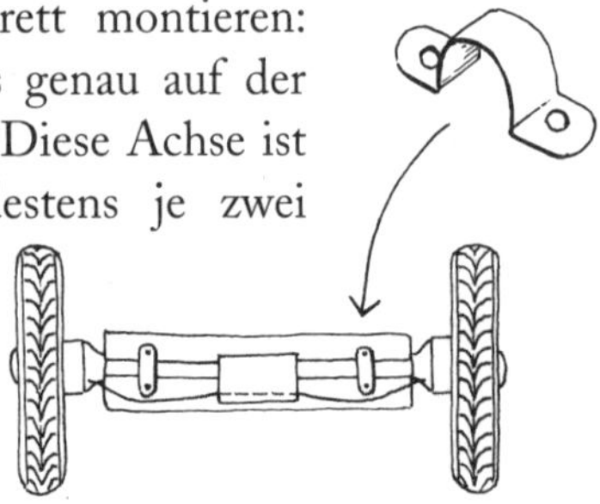

tern, Unterlegescheiben oben und unten nicht vergessen. Löcher können komplett durchgebohrt werden.
Vorderachse montieren. Sie wird nur an einem Punkt verschraubt, der genau in der Mitte der Achse und dort ca. 1 Zentimeter vor ihr liegen soll. Die gewindefreie Stelle der Durchsteckschraube muss ein paar Millimeter länger sein als Sitz- und Achsbrett dick, damit sich die Achse, wenn sie montiert ist, bewegen kann. Bei durchgehendem Gewinde zwei Muttern so nah an Außenseiten (bei Durchsteckschraube natürlich nur auf einer Seite) drehen, dass die Achse ein bisschen Spiel hat, und dann die Muttern auf jeder Seite gegeneinander festdrehen (kontern). Unterlegscheiben oben und unten nicht vergessen.

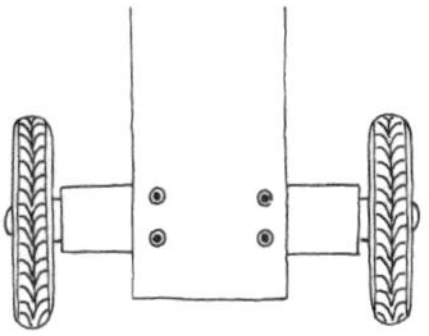

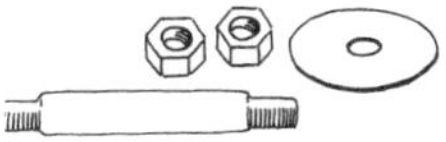

Ein paar Zentimeter von den Rädern entfernt mittig an den oberen Seiten der Vorderachse die beiden Ösenschrauben reindrehen. Sie sollten schön festsitzen und ebenfalls kürzer sein als das Brett dick, damit sie nicht rausgucken. Seil an den Ösen gut festbinden. Das Seil sollte so lang sein, dass ihr es aufrecht sitzend wie Pferdzügel straff in den Händen haltet. Anschließend mit Polsternägeln das Sitzkissen auf der Bank befestigen.

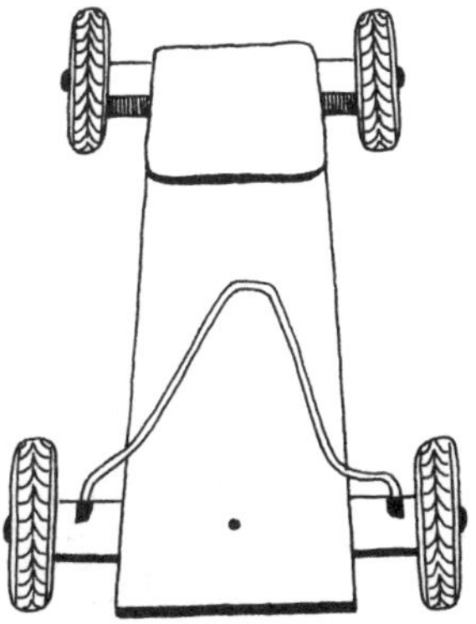

Fahr-Tipps: Mit den Füßen auf der Vorderachse lässt sich

die Seifenkiste (zusätzlich zum Seil) einfacher steuern. Dazu muss auf der Vorderachse genügend Platz sein, weshalb das Sitzbrett vorne nicht zu breit sein sollte und die Achsen nicht zu schmal. Hartgummireifen sind zwar unbequem, weil Unebenheiten des Fahrbelags stärker auf den Hintern durchschlagen – aber sie sind schneller als Reifen mit Luftkammern, weil ihr Rollwiderstand geringer ist. Gebremst wird mit den Füßen, such dir also eine Piste, wo überhaupt keine Autos fahren und du gefahrlos mit Freunden um die Wette rollen kannst.

ZAUBERTRICKS UND KUNSTSTÜCKE

Die goldenen Zauberregeln

Es gibt ein paar goldene Regeln des Zauberns, von denen der Erfolg abhängt:

1. Ein richtiger Zauberer verrät niemals seine Tricks, und er nennt sie auch nicht so, denn er trickst ja nicht, sondern zaubert!
2. Ein richtiger Zauberer wiederholt seine Tricks auch nicht (zumindest nicht zu oft), da das Publikum früher oder später versuchen wird, den Trick zu entdecken.
3. Ein richtiger Zauberer weiß, dass die Tricks umso später entdeckt werden, je besser er sie beherrscht – er übt also fleißig.
4. Mindestens so wichtig wie das Zaubern selbst ist, das Publikum mit unwichtigen Dingen vom Trick abzulenken (dies ist auch das einzige Geheimnis des Zauberstocks). Ein richtiger Zauberer schauspielert also, was das Zeug hält, erklärt geheimnisvoll oder lustig mit ausladenden Armbewegungen das, was er macht – und der Erfolg ist ihm sicher.

Knoten aus Ring herauszaubern

Für den Trick wird benötigt:
ein Seil (1 Meter lang), ein Ring (etwa so groß wie Armreif), dunkles Tuch.
Gib den Ring und das Seil einem Zuschauer und sage ihm, er soll prüfen, ob alles intakt ist. Falte das Seil in der Mitte, ziehe die Schlaufe ein kleines Stück durch den Ring, die beiden Seilenden um den Ring durch diese Schlaufe und

straffe das Seil. Frage den Zuschauer, ob der Knoten fest sitzt, nimm den Ring und gib ihm die beiden Seilenden. Während du das Tuch nimmst, über die Hand mit dem Ring legst und mit der anderen Hand ebenfalls unter das Tuch fährst, sagst du, dass es unmöglich ist, den Knoten zu lösen, ohne wenigstens eines der beiden Seilenden zu haben. Was ein großer Irrtum ist, denn du bist ein Zauberer. Du musst lediglich unter dem Tuch die Schlaufe über den Ring nach unten drücken, und schon ist der Knoten verschwunden!

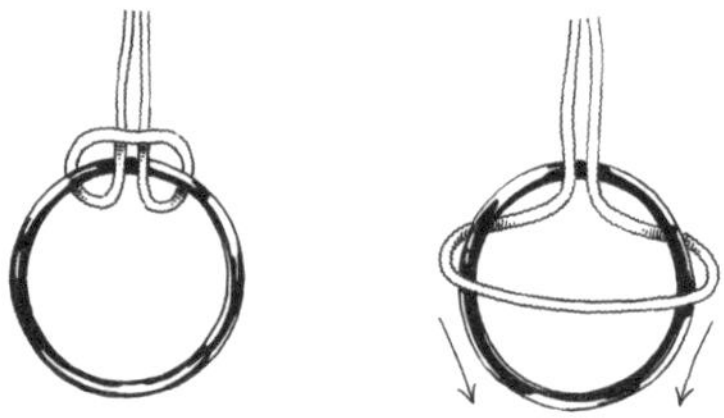

Wasserbecher wegzaubern

Was du brauchst:
zwei gewachste Pappbecher, eine dunkle Papiertüte, einen Zauberzylinder (jeder andere hohe Hut, Karton oder Kasten geht auch) und Wasser.
Schneide von beiden Pappbechern den oberen wulstigen Rand gerade ab. Bei einem Pappbecher auch den kompletten Boden sauber und gerade abtrennen und den bodenlosen Becher in den anderen Becher hineinstecken (wichtig: der obere Rand des inneren Bechers darf nicht über den des äußeren gucken). So läuft der Trick ab: Baue den präparierten Becher und die anderen Utensilien auf einem Tisch auf, präsentiere vor dem Publikum in sicherer Entfernung alle Gegenstände und erkläre, dass du diesen Pappbecher mit Wasser füllst, in den magischen Zylinder

steckst und dann in die megamagische Tüte, wo du ihn verschwinden lässt.
Du führst das dann auch alles ganz genau so vor – mit einem Unterschied: wenn du den scheinbar vollen Pappbecher aus dem Hut nimmst, greifst du natürlich nur den präparierten, bodenlosen Innenbecher heraus – das Wasser bleibt im Außenbecher, und der bleibt im Hut. Übe gut, eine lange Zauberformel murmelnd, wie du den leeren Innenbecher herausziehst und verhinderst, dass das Publikum den fehlenden Boden entdeckt. Ist der »falsche« Becher in der Tüte, die samt leerem Becher immer so gehalten werden muss, als wenn der Becher voll wäre, murmele noch einen Zauberspruch – und zerknülle die Tüte dann mit zauberhaftem Räuspern! Die Zuschauer werden verdutzt sein, weil ja eigentlich Wasser aus der Tüte laufen müsste. Du aber fragst: Wo ist denn nur Becher hin? Simsalabim! Geh zum Hut zurück, Zauberformel, und zaubere ihn heraus. Applaus!

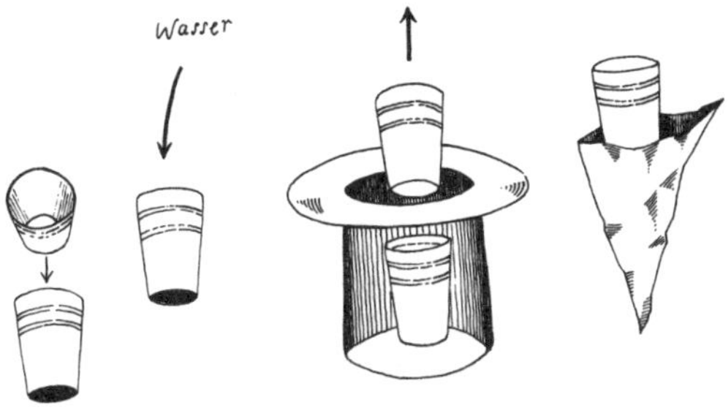

French Drop

Gut geübt, gibt es keinen besseren und simpleren Trick, um zu demonstrieren, wie leicht man ein Publikum täuschen kann. Nimm in die linke Hand eine Münze, die du an den Rändern zwischen Daumen und Mittelfinger festhältst, zeige sie dem Publikum und sage, dass du sie wegzaubern wirst. Drehe dann die Außenseite der linken Hand zum Publikum und greife mit der rechten Hand nach der Münze, und zwar so, dass der Daumen unter ihr, die Finger über ihr sind. Wenn die rechte Hand die Münze und die Finger der linken Hand verdeckt, öffne leicht die linke Hand, so dass die Münze in die linke hohle Handfläche fällt. Du tust so, als hätte die rechte Hand die Münze gegriffen, schließt sie sofort zur Faust, bewegst sie nach rechts weg und folgst ihr nicht übertrieben, aber aufmerksam mit den Augen. Das Geldstück liegt sicher in den Fingern der linken Hand, die locker offen bleiben soll und langsam nach unten hängen gelassen werden kann. Wenn du nun noch mit der linken Hand nach einem Kugelschreiber greift (die Münze bleibt schön drin!), mit ihm auf die rechte Faust klopfst, »Die Münze ist weg!« sagst und auf das Wort »weg« die Hand öffnest, ist die Täuschung perfekt. Denn die Augen des Publikums werden immer den Bewegungen und den Augen des Zauberers folgen.

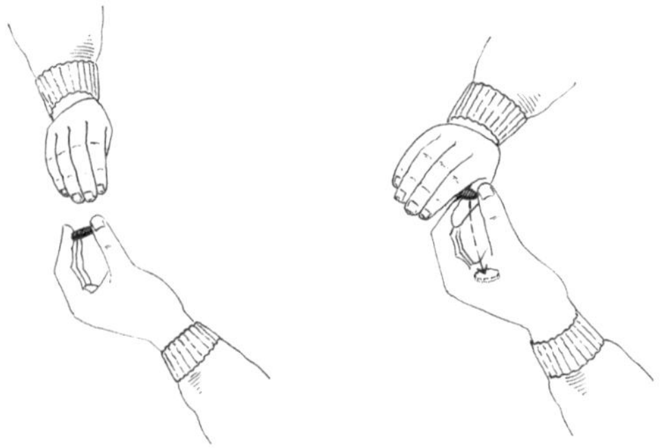

Die wandernde Karte

Die Zuschauer werden Folgendes sehen: In der rechten Hand hältst du einen Kartenstapel mit der bildlosen Seite nach oben. Mit der linken nimmst du eine Karte ab (z. B. Herz 7), hältst sie fest zwischen den Fingerkuppen, zeigst sie dem Publikum, schaust sie dir an und sagst, dass du die Herz 7 nun durch den Kartenstapel wandern lässt. Du legst die Herz 7 auf den Stapel und zurück. Dann sagst du, dass du sie nun unter den Stapel legst und sie wieder nach oben zauberst. Nachdem du das getan hast, murmelst du einen schönen Zauberspruch, pustest mit einer magischen Handbewegung über den Stapel, nimmst die oberste Karte und zeigst sie: Es ist die Herz 7!

Der Trick besteht darin, am Anfang unbemerkt nicht eine Karte vom Stapel zu nehmen, sondern zwei (die Herz 7 wandert natürlich nicht durch den Stapel, sondern liegt unter einer zweiten, die das Publikum für die Herz 7 hält und die du unter den Stapel legst, während die Herz 7 von allen unbemerkt auf dem Stapel bleibt). Das geht besonders gut mit neuen Karten, deren Ränder dünn und glatt sind. Wenn sie eng und gerade übereinanderliegen, wird niemand auf die Idee kommen, dass es zwei sind. Schaue nicht auf die Karten, wenn du sie abnimmst. Während du ausschweifend dem Publikum erklärst, was nun passiert, versuche – einigermaßen verdeckt hinter der rechten Hand – mit den Fingern der linken Hand die zwei oberen Karten abzunehmen. Sowie du das geschafft hast, zeige die Karte. Der Rest ist ein Kinderspiel.

Würfel durch einen Teller zaubern

Für diesen Trick musst du drei Würfel basteln, und zwar möglichst genau. Zeichne Würfel, Würfel-Kaschee (Kaschee: Behälter, in dem man Dinge verstecken kann) und Hülse auf ein dickes weißes Blatt Papier (oder dünnen Zeichenkarton). Das Kaschee soll 1-2 Millimeter breiter als der Würfel sein, die Hülse 1-2 Millimeter breiter als das Kaschee. Schneide sie sauber aus, falte die überstehenden Kanten rechtwinklig nach hinten und klebe die Würfelseiten daran fest.

Und so funktioniert der Trick: Du legst auf einen Tisch einen Zauberzylinder, einen Teller, die Hülse und den Würfel, den du vorher in das Kaschee gesteckt hast (die übereinanderliegenden Augen von Würfel und Kaschee müssen übereinstimmen). Nimm den Würfel in die Hand (achte darauf, dass die offene Seite des Kaschees nach unten zeigt, und drücke es leicht nach innen, damit der Würfel nicht rausfällt), präsentiere ihn in sicherem Abstand dem Publikum und lasse es zur Ablenkung den Zylinder auf einen doppelten Boden oder Sonstiges kontrollieren. Erkläre, dass du den Würfel auf einen Teller legen wirst, den Teller wiederum auf den Zylinder, und anschließend wirst du den Würfel durch den Teller in den Zylinder zaubern. Während dieser Erklärung hast du ganz nebenbei Würfel und Kaschee (mit dem offenen Boden nach unten) in den Zylinder gelegt, zeigst ihn so noch mal dem Publikum, stellst den Hut auf den Tisch und hebst das Kaschee ohne den richtigen Würfel hoch. Dann legst du das Kaschee (ohne die offene Unterseite zu zeigen) auf den Teller, den Teller wiederum auf den Zylinder, nimmst die Hülse und steckst sie über das Kaschee. Zauberspruch, mit dem Finger (oder Zauberstab) auf die Hülse klopfen, hochheben (auch jetzt leicht nach innen drücken, damit das Kaschee nicht herausfällt) und das Publikum aus sicherem Abstand einen Blick ins Kaschee werfen lassen: Der Würfel ist weg! Wo ist er nur? Die Zuschauer werden staunen, wenn sie ihn im Zylinder entdecken.

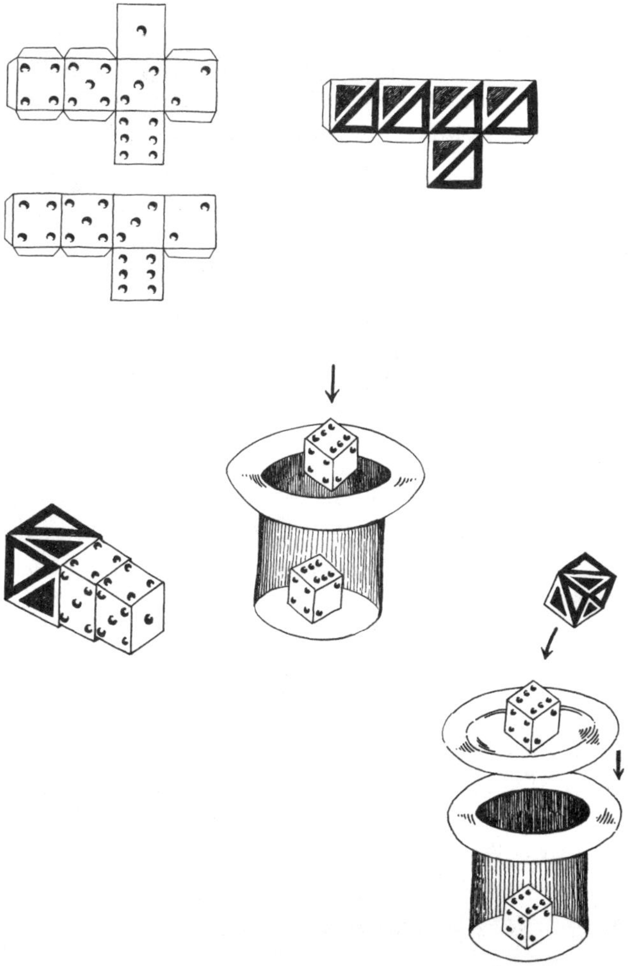

Die Schlangen des Pharao

Spektakulärer chemischer Trick für das Ende einer Show, der aber nur unter Aufsicht eines Erwachsenen gemacht werden sollte! Erzähl dem Publikum eine gruselige Geschichte über die Schlangen des Pharao, die gleich aus dem Sand steigen werden. Häufe auf einem alten Teller, der auf einer hitzefesten Unterlage steht, einen Hügel aus feinem, trockenem Sand auf. Gieße über die Spitze sechs volle Esslöffel Brennspiritus und stecke in die nasse Stelle nah beieinander drei Emser Pastillen hinein (Halslutschbonbons – gibt's in jeder Apotheke; nimm die ganz normalen – mit Zucker, ohne Menthol). Bitte einen Erwachsenen, mit einem Feuerzeug die getränkte Hügelkuppe anzuzünden: Nach einer Weile werden sich aus ihr dicke schwarze Röhren in einem Bogen wie mysteriöse Schlangen nach unten winden. Wie kommt der Trick zustande? Die Pastillen bestehen im Wesentlichen aus Backpulver und Zucker. Während der Zucker verbrennt, setzt der Spiritus im Backpulver Kohlendioxid frei, das den schmelzenden, schwarz verkohlten Zucker aufschäumt! Die Schlangen werden richtig dick und lang und hören erst auf zu wachsen, wenn die Flamme erlischt.

Jonglieren

Wer wünscht sich nicht, wenn er Jongleuren zusieht, dieses Kunststück auch zu können? Dabei ist Jonglieren mit drei Bällen schnell erlernbar. Wenn man die Tricks kennt und emsig übt, klappt es manchmal schon in einer Stunde! Für Anfänger eignen sich am besten Jonglierbälle oder mit Reis gefüllte kleine Luftballons, die beim Fallenlassen nicht wegspringen. Am leichtesten lernt man das Kunststück in vier Stufen. Wichtig ist, die neue Stufe erst dann zu probieren, wenn man die vorherige beherrscht.

Stufe 1 (ein Ball): Den Ball abwechselnd von der rechten in die linke Hand und zurück werfen; der Ball sollte von der rechten Hand in Kopfhöhe kurz über die linke Schulter gucken und dann von der linken Hand aufgefangen werden (von links nach rechts natürlich über die rechte Schulter); so oft wiederholen, bis dieser Wurf auch mit schräg nach oben gerichteten Augen klappt.

Stufe 2 (zwei Bälle): Den ersten Ball aus der rechten in die linke Hand werfen, den zweiten Ball von der linken in dem Augenblick in die rechte werfen, in dem der erste Ball den höchsten Punkt erreicht hat; die Wurfhöhe sollte immer ungefähr in Kopfhöhe und nicht niedriger liegen, da man so mehr Zeit hat, die anderen Bälle zu werfen und zu fangen.

Stufe 3 (drei Bälle): wie Stufe 2, nur wird in der rechten Hand ein dritter Ball gehalten (er wird nicht geworfen).

Stufe 4 (drei Bälle): Wie Stufe 3, nur wird diesmal auch der zweite Ball in der rechten Hand geworfen, und zwar kurz bevor du den zweiten Ball fängst, den du zuvor mit der linken Hand geworfen hast. Wenn du den Dreh gefunden hast, wirst du merken, dass die beiden Hände beim Über-Kreuz-Werfen in ständigem Wechsel von Fangen und Werfen von innen nach außen zwei kleine Kreise in der Luft beschreiben.

Monsterseifenblase

Lass dir von deinen Eltern 0,5 Liter Glyzerin (85-%-Lösung; in Drogerien/Apotheken erhältlich), 1 Liter Autoschaumwäsche (zur Not auch Geschirrspülmittel) und 0,5 Liter destilliertes Wasser besorgen. Biege einen Kleiderbügel zu einen Ring (30 Zentimeter oder größer) mit Handgriff. Die Zutaten gut verrühren und auf eine flache Unterlage gießen. Ring komplett hineintauchen und langsam senkrecht nach oben ziehen. Um eine Seifenblase zu machen, ziehe den Bügel durch die Luft. Der Blasenschlauch, der sich dabei bildet, reißt ab und schließt sich dann zu einer großen, schillernden Kugel.

WIE MAN EIN PERFEKTES PORTRÄT MALT

Zeichne mit einem Bleistift ein auf dem Kopf stehendes Ei. Nimm ein Lineal und ziehe genau durch die Mitte einen langen senkrechten und waagerechten Strich (mit dem Bleistift immer nur leicht aufdrücken, damit später leicht wieder wegradiert werden kann, was nicht stehenbleiben soll).

Auf waagerechtem Strich markierst du fünf gleiche Abschnitte; die Augen bedecken den zweiten und vierten Abschnitt; Faustregel: Augenentfernung so lang wie ein Auge breit. Die Unterkante der Nase liegt auf der Hälfte des unteren senkrechten Strichs; sie ist etwa so breit, wie die beiden Augeninnenseiten auseinanderstehen.

Um die Mitte zwischen Unterkante der Nase und dem unteren Ende des Gesichts zeichnest du den Mund; er sollte in etwa so breit sein wie der Abstand der beiden Pupillen. Die Ohren liegen zwischen Augenhöhe und Unterkante der Nase Sollte niemand da sein, der dir für das Porträt Modell steht: Eine Kasperle-Puppe eignet sich hervorragend zum Üben und ist, vor allem für den Anfang, auch unendlich geduldiger, wenn du dir etwas mehr Zeit lassen willst. Nach ein paar Versuchen wirst du merken, dass das Zeichnen viel schneller geht und du nicht mehr alle Hilfslinien brauchst. Wenn du die Porträts von vorne beherrscht, probiere, den Kopf etwas schräg von der Seite zu zeichnen.

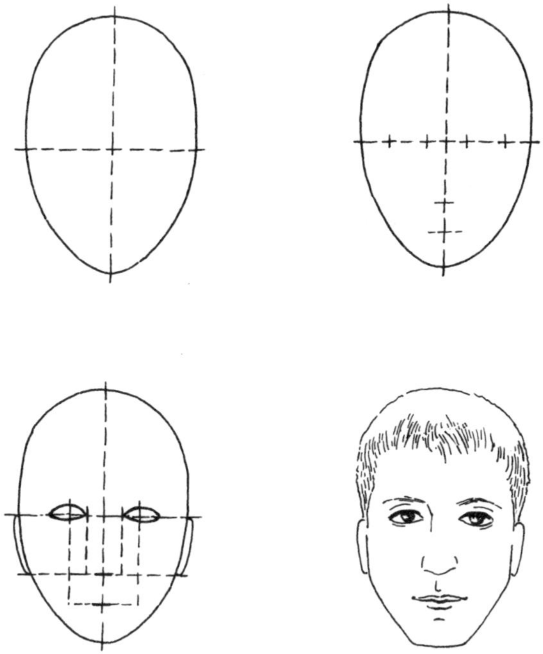

KOCHEN FÜR JUNGS

Jungs können nicht gut kochen? Das stimmt auf keinen Fall!
Zumindest gilt das nicht für dich, wenn du diese Rezepte gelesen und getestet hast! Am besten zunächst mit Mama oder Papa versuchen, damit nichts anbrennt.

Zum Frühstück: Crêpes!

Der Hammer für Mama, Papa und den Rest der Familie: Crêpes, die bretonische Variante des Eierkuchens, dem leckersten der Welt, perfekt als Wochenendstarter oder Regenvertreiber!
Wer einigermaßen satt werden will, rechnet pro Nase:

1 Ei, 50 g Mehl, 125 ml Milch.

Alles mit einem elektrischen Mixer gut verquirlen. Nussgroßes Stück Butter in einer Teflonpfanne zerlassen (besser: Crêpes-Pfanne, die hat einen flachen Rand und genau die richtige Crêpes-Größe). Crêpes sind umso besser, je dünner sie sind. Handtellergroßen Klecks in die heiße Pfanne bei mittlerer Hitze gießen und durch leichtes Kippen gleichmäßig verteilen. Hebt sich der Crêpes-Rand und ist der Teig an keiner Stelle mehr flüssig, mit dünnem, breitem Plastikpfannenheber wenden. Sollte goldgelb von beiden Seiten sein.
Zum Servieren mit Ahornsirup, Honig, Nutella oder Marmelade bestreichen. Sehr lecker auch mit geraspeltem Hartkäse, der auf einem gerade gewendeten Crêpes am besten noch in der Pfanne angeschmolzen wird. Schmecken warm am besten und kühlen schnell ab, deshalb: Tel-

ler vorwärmen (Wasser im Topf zum Kochen bringen, Teller raufstellen und über Wasserdampf abwechselnd wärmen).

Knackige Pasta mit Feuer

Ein einfaches Pastarezept, blitzschnell angerichtet. Zutaten für 4 Personen:

6 mittelgroße Tomaten, 1 Bund Ruccola, 2 Mozzarella (Büffel-Mozzarella – *mozzarella di buffala* – schmeckt besser als normaler Mozzarella), 1 Knoblauchzehe.

Während die Pasta im Salzwasser kocht, gewaschenen Rucola in Schnipsel zerschneiden, Tomaten klein würfeln und abtropfen, Mozzarella würfeln, Knoblauch sehr fein zerhacken. Zutaten vermischen, mit Salz abschmecken, Pasta gut untermischen, mit Olivenöl anmachen, noch mal gut mischen, und alle liegen dir zu Füßen!

Der Hähnchen-Hamburger

Zutaten:
Brötchen, Hähnchenfilet, Zwiebeln, Butter, Salz.

Hähnchenbrust in drei, vier dünne Scheiben schneiden lassen und goldgelb in Öl braten. Brötchenhälften mit Butter bestreichen, eine Hälfte mit dünnen Zwiebelscheiben belegen, Fleisch drauf, salzen, zuklappen – und niemand wird je wieder bei amerikanischen Schnellimbissen essen wollen. Auch perfekt für unterwegs.

Bratwurst mit Folienkartoffeln am Lagerfeuer

Nichts geht über ein Essen am Lagerfeuer. Du brauchst einen dünnen, harten Stock als Spieß, eine lange Grillzange, Alu-Folie, Kartoffeln, Olivenöl, Salz, Rosmarin, Bratwürste. Gewürzsoße pro Kartoffel: 1 Teelöffel Olivenöl mit Salz und Rosmarin vermischen, Kartoffel damit einreiben, in 2 bis 3 Lagen Alufolie einwickeln und in die Glut legen. Garzeit je nach Kartoffelgröße 30 bis 45 Minuten. Bratwurst auf Stock spießen und über der Flamme/ Glut braun rösten.

Bohnentoast mit Spiegelei

Zutaten:
1 Dose Baked Beans in Tomatensoße (*baked beans* sind gebackene Bohnen, findest du komplett mit Tomatensoße in jedem großen Supermarkt), Eier, Toast.

Baked Beans in Topf erhitzen. Spiegelei in Pfanne braten, Brot toasten. Warme Baked Beans über das frisch getoastete Brot gießen und mit Spiegelei garnieren. Nährstoffreiches Cowboy-Frühstück. Oder Mittagessen. Oder Abendbrot.

Schokoladen-Mousse

Zutaten:
1 Tafel (100 g) gute Zartbitterschokolade, 250 ml Sahne, Zimt.

Schokolade klein brechen und in einer Tasse im heißen Wasserbad schmelzen. Flüssige Schokolade schnell in eine

Rührschüssel gießen und unter ständigem Rühren Sahne hinzugeben. Sehr gut verrühren, bis eine gleichmäßige, hellbraune Masse entstanden ist. Zum Schluss einen Teelöffel Zimt untermischen, Klarsichtfolie drüber und dann (leider, leider …) mindestens 10 Stunden im Kühlschrank ruhen lassen. Kurz vor dem Servieren die Masse wie Sahne aufschlagen (mit Schneebesen oder elektrischem Quirl), fertig!

Erdbeereis

Zutaten:
150 g Erdbeeren, 75 g Schlagsahne, 75 g Puderzucker.

Gewaschene, abgetrocknete Früchte 1 Stunde im Gefrierfach anfrieren. Erdbeeren dann mit Puderzucker im Mixer zu einer schönen Creme pürieren und Sahne unterheben. Dann ab für 3 Stunden ins Gefrierfach, zwischendurch alle 30 Minuten rausholen und mit Gabel umrühren, damit die Eiskristalle nicht zu groß werden. Fertig!

Banana-Shake

Der leichteste, genialste, leckerste und gesündeste Shake der Welt, der müde Männer munter macht, im Sommer ideal als Erfrischung und Zwischenmahlzeit in einem. Reife Banane zerschnippeln, in Mixer geben, 300 ml Milch drübergießen, gut mixen – fertig!
Wenn es erfrischend sein soll, nimm kalte Milch. Wenn die Banane nicht wirklich reif ist, gib einen Löffel Honig hinzu (reife Bananen sind perfekt für den Shake, da sie viel mehr Fruchtzucker als junge Bananen enthalten). Mindestens genauso lecker mit einer reifen Birne!

EIN PAAR RICHTIG GUTE WITZE

Stehen zwei Schafe auf einer kniehoch mit Gras bewachsenen Wiese. Plötzlich sagt das eine: »Mäh!« Darauf das andere: »Mäh doch selbst!«

Zwei Luftmatratzen latschen durch die Wüste. Sagt die eine zur anderen: »Achtung, ein Kaktussssssss…«

Treffen sich zwei Karotten in der Luft. Sagt die eine: »Achtung, ein Hub-schrapp-schrapp-schrapp…«

Ein Dicker, ein Dünner und ein Dummer liegen durstig am Schwimmbecken. Plötzlich erscheint ein Geist. »Ihr habt alle einen Wunsch frei. Nehmt Anlauf auf dem Sprungbrett, springt, und während ihr fliegt, ruft laut den Namen des Getränks, das ihr euch wünscht.« Zuerst läuft der Dicke. Er springt ab, ruft »Coca-Cola« und landet schmatzend in seinem Lieblingsgetränk. Dann läuft der Dünne, springt, ruft »zuckerfreier Eistee« und landet schmatzend in seinem Lieblingsgetränk. Dann läuft der Dumme. Er läuft an, rutscht beim Sprung aus und brüllt: »Scheiße …«

Als Bauer Egon mit einem Wagen voller Mist an Lieschen vorbeifährt, fragt Lieschen: »Wo willst du denn mit dem Mist hin?« Bauer Egon: »Der kommt auf die Erdbeeren.« Da rümpft Lieschen ihr Näschen: »Das ist ja widerlich. Bei uns kommt Schlagsahne drauf.«

Peter sagt zu Paul: »Wenn du rätst, wie viele Bonbons ich in der Hand habe, bekommst du sie, alle fünf.« Paul sagt: »Hehe, fünf.« Antwortet Peter beleidigt: »Das gilt nicht. Du hast sie vorher gesehen …«

Der liebe Gott sagt zu drei befreundeten Opas, die gerade im Himmel angekommen sind: »Ihr habt alle einen Wunsch frei.« Der erste Opa sagt: »Ich will zurück zur Erde.« Es macht »Puff«, und Opa ist wieder zurück auf der Erde. Der zweite Opa sagt: »Ich auch.« Es macht »Puff«, und auch Opa 2 ist wieder auf der Erde. »Und was wünschst du?«, fragt der liebe Gott den dritten Opa. Da antwortet er: »Ich wünsch mir meine beiden Freunde wieder zurück.«

Sagt ein Polizist im Halbdunkel mahnend zum Radfahrer: »Wenn das Licht nicht funktioniert, absteigen!« Antwortet der Radfahrer: »Hab ich probiert. Funktioniert aber immer noch nicht.«

Papa sagt zu seinem Sohn: »Junge, dein Klassenlehrer macht sich große Sorgen um deine Noten!« Da antwortet sein Filius: »Ach Paps, was gehen uns denn die Sorgen anderer Leute an?«

Matze kommt nach den Sommerferien in eine neue Klasse. »Wie heißt du?«, fragt ihn der Lehrer. Matze: »Meier ohne W.« Der Lehrer ist verwirrt: »Aber darin kommt doch sowieso kein W vor!« Matze: »Sag ich doch.«

Der Deutschlehrer zu Mäxchen: »Wie lautet die Mehrzahl von Baum?« Mäxchen: »Wald.«

Kalle hockt ziemlich angeschlagen in der einen Ecke des Boxrings und wartet auf den Gong der nächsten Runde. Da kratzt sich sein Trainer am Kopf, beugt sich zu Kalle und sagt: »Weißt du was, Kalle: wenn er dich wieder haut, dann schlägst du einfach zurück.«

Sohn: »Papa, woher kommt der Name Amerika?« Vater: »Keine Ahnung.« Sohn: »Papa, warum fliegen Flugzeuge?« Vater: »Keine Ahnung.« Sohn: »Papa, wie funktioniert ein Automotor?« Vater: »Keine Ahnung.« Sohn: »Papa, stören dich eigentlich meine vielen Fragen?« Vater: »Ganz im Gegenteil, frag ruhig weiter, sonst lernst du ja nichts.«

Klaus-Dieter steht zum siebten Mal kurz hintereinander an der Kinokasse und verlangt genervt eine neue Karte. Da fragt ihn die Kartenverkäuferin verwundert: »Aber warum kaufen Sie denn so viele hintereinander?« Da sagt Klaus-Dieter: »Weil mir jedes Mal, wenn ich in den Saal will, ein Typ meine Karte zerreißt.«

Sagt der Arzt zum Patienten: »Ich habe eine gute und eine schlechte Nachricht für Sie. Welche wollen Sie zuerst hören?« Patient: »Die gute!« Arzt: »Nun, Sie haben nur noch zwei Tage zu leben.« Patient: »Gütiger Himmel, was ist denn dann die schlechte?« Arzt: »Dass ich bereits zwei Tage vergeblich versucht habe, Ihnen das mitzuteilen.«

Patient: »Herr Doktor, ich bin so schrecklich vergesslich.« Doktor: »Wie äußert sich das denn?« Patient: »Was denn?«

Patient: »Herr Doktor, alle Leute sagen, dass ich lüge.« Arzt: »Das glaube ich Ihnen nicht.«

Psychiater: »Glauben Sie eigentlich schon lange, dass Sie ein Prinz sind?« Patient: »Erst seitdem ich kein Frosch mehr bin.«

WAS MÄDCHEN AN JUNGS MÖGEN UND WAS NICHT

Was sie nicht mögen

- Jungs, die popeln, pupsen und rülpsen
- Jungs, die den Angeber spielen und laut sind
- Jungs, die nichts außer Faxen machen
- Jungs, die schlecht lesen
- Jungs, die sie ständig spüren lassen, dass sie schneller sind und mehr Muskeln haben
- Schadenfreude, vor allem, vor anderen laut ausgelacht zu werden
- Jungs, die nicht erklären können, was sie wollen

Was sie mögen

- Jungs, die gut zuhören können
- Wenn man viel weiß, aber nicht pausenlos damit angibt
- Wenn man sich stets hilfsbereit zeigt, auch bei Kleinigkeiten, und dies ganz selbstverständlich
- Wenn man gern mit ihnen teilt, ohne dass sie fragen müssen (dein letztes Kaugummi – gib es ihr!)
- Wenn man sie besonders in Schutz nimmt, vor allem, wenn sie ungerecht behandelt werden
- Wenn man ihnen den Vortritt lässt
- Wenn man witzig ist, ohne den guten Geschmack mit Füßen zu treten
- Wenn man offen und ehrlich ist

SECHS GENIALE COMPUTERSPIELE

Siedler

Das Strategiespiel ist eine deutsche Produktion, schon seit 1993 auf dem Markt und bereits in mehreren Versionen erschienen. Bei dem Klassiker geht es immer darum, historische Reiche auf- und auszubauen und möglichst geschickt Ressourcen und Fähigkeiten der Menschen einzusetzen. Bei »Aufstieg eines Königreichs«, das im Mittelalter spielt, müssen die Teilnehmer zum Beispiel mit Geld wirtschaften und Berufe ausüben. Vollgestopft mit wissenswerten Informationen über die jeweiligen Epochen. Die neueste Version heißt »Aufbruch der Kulturen«.

Kuck mal – Steinzeit!

Per Mausklick saust man von der Entstehung der Erde bis zur Steinzeit, blickt auf Mammuts, in Höhlen mit behaarten Gestalten und erfährt, wie die Vorfahren der Menschen Waffen hergestellt haben und mit primitiven Mitteln ihren Alltag meisterten. Es gibt über 300 Detailansichten mit ausführlichen Erklärungen, zehn interaktive Spiele und ein Lexikon mit interaktiven Karten.

Genius – im Zentrum der Macht

Tolles Spiel, das beweist, dass Politik auch spannend sein und Spaß machen kann. Der Spieler wird zu einem politischen Talent, der es zum Bürgermeister in einer kleinen Gemeinde bringt. Wichtige Entscheidungen müssen getroffen werden, bei denen man sich an die gesetzlichen und politischen Spielregeln halten muss. Wer das gut macht und es bis zu Level 4 schafft, hat von Politik schon viel verstanden – und kann Bundeskanzler werden.

Jack Keane

Ein spannendes Abenteuerspiel, das von der Kolonialzeit handelt. Jack Keane, ein draufgängerischer und sympathischer Abenteurer, muss bei seinen Reisen nach Kapstadt, Indien oder auf einsame Inseln viele Rätsel lösen. Er begegnet abgerichteten Affen-Armeen, fleischfressenden Pflanzen, Königen, Piraten, Schätzen. Mit fetzigen Bildeffekten wie Bewegungsunschärfen.

Wild Earth Africa

Hier dreht sich alles um Tiere. Der Spieler jagt als Reporter zu Fuß, im Jeep oder Hubschrauber den Tieren auf der Jagd nach dem besten Schnappschuss hinterher. Viele interessante Infos über die afrikanische Wildnis. Am Ende kann eine echte Reportage zusammengestellt werden, die man auch an Freunde verschicken kann.

Colorelli

Mal- und Geschicklichkeitsspiel. Schauplatz ist »Colorelli Island«, das von einer Goldfisch-Dame regiert und von einem schuftigen, farblosen Chamäleon tyrannisiert wird, weil es alle Farben von der Insel verbannen will. Mit Hilfe eines elektronischen Stifts und eines Graphik-Tabletts, die die Maus ersetzen, muss mit schrägen Bewohnern nach

Wegen gesucht werden, dem Chamäleon das Handwerk zu legen. Zwischendurch tauchen immer wieder Spiele wie Dino-Ausgraben oder Angeln auf. Mit Vorlagen für Masken und Einladungskarten.

DIE

SPANNENDSTEN EPOCHEN

–

DIE

GENIALSTEN KULTUREN

–

DIE

STÄRKSTEN KÄMPFER

DIE ÄGYPTER

Die älteste Hochkultur der Welt

Hochkulturen sind Völker, die den anderen in ihrer Zeit weit voraus waren – in Technik, Wirtschaft, Kultur und Kunst. Keine andere begann so früh und überlebte auch nur annährend so lange, wie jene der geheimnisvollen Pharaonen-Dynastien in Ägypten – von 3000 v. Chr. bis 30 v. Chr., als die Römer Ägypten als Kronland übernahmen.
Die Ägypter schufen einen straff organisierten Staat. Nutzten die Überschwemmungen des Nils, die jedes Jahr zur Regenzeit Nährstoffe auf die Felder längs der Ufer spülten, für eine starke Landwirtschaft. Waren die Ersten, die hohe Kenntnisse in Mathematik und Astronomie entwickelten. Die Pyramiden und die Entwicklung des Ersten Kalenders auf der Erde sind für diese Fähigkeiten die besten Beispiele. Die Pyramiden und Tempelanlagen sind auch der Grund, warum wir 5000 Jahre später so viel über diese alte Kultur wissen: Sie wurden über und über verziert mit Wandmalereien, auf denen ausführlich der Alltag der Ägypter, ihrer Könige und Götter in Bildern und Hieroglyphen verewigt wurde. Das altägyptische Alphabet umfasst 700 Zeichen, die Figuren darstellen und sowohl als Laute oder ganze Wörter gelesen werden können.

Das Abenteuer von Howard Carter

Die Geschichte der Entdeckung des Pharaonen-Grabes von Tutenchamun durch den Engländer Howard Carter ist eine der spektakulärsten der gesamten Altertumsforschung (Archäologie). Als Carter am 4. November 1922

im Tal der Könige – eine in Fels gehauene Totenstadt bei Theben – das Grab von Tutenchamun öffnete, wurde er von Gold geblendet. Dieses Grab war das einzige, das in den Tausenden von Jahren zuvor nicht schon geplündert worden war, und barg neben einem goldenen Thron und goldenen Masken auch den Sarkophag samt der mumifizierten Leiche Tutenchamuns, der vor fast 3500 Jahren gestorben war.
Mehrere Personen, die bei der Graböffnung dabei waren, starben wenig später an Krankheiten, die zunächst sehr mysteriös schienen. Sie wurden auf einen Fluch zurückgeführt, der über dem Grab gelegen haben soll. Die Hysterie, die daraufhin ausbrach, ging so weit, dass Besitzer von Grabbeigaben ägyptischer Pharaonengräber diese schleunigst wieder loswerden wollten. Später erwies sich aber, dass die Todesfälle andere Ursachen hatten und warnende Grabinschriften wohl vor allem abschreckende Wirkung auf Grabräuber haben sollten. Unbestritten bleibt, dass in einigen Fällen der Tod der Forscher durch allergische Reaktionen beschleunigt wurde, die winzige Schimmelpilze auslösten, die Tausende von Jahren in abgeschlossener Dunkelheit überlebt und sich von den Resten der Mumie ernährt hatten.

Das Geheimnis der Pyramiden

Der Bau der Pyramiden, in denen Pharaonen bestattet wurden, ist bis zum heutigen Tag von einer ganzen Reihe ungelöster Rätsel umgeben. Am besten lassen sie sich am Beispiel der größten aller 106 ägyptischen Pyramiden erklären: der Cheops-Pyramide von Gizeh. Sie wurde um das Jahr 2550 v. Chr. errichtet, also vor rund 4500 Jahren. Zu einer Zeit, als die Ägypter noch nicht einmal das Rad kannten und nur über einfache Handwerkzeuge verfügten, gelang es ihnen trotzdem, eine 146 Meter hohe Pyramide aus 2,6 Millionen riesigen Kalksteinblöcken zu bauen. Jeder dieser metergroßen Blöcke wog 2,5 Tonnen – so viel wie ein vollgeladener Transporter. Abgesehen davon, dass immer noch unklar ist, mit welchem System diese schweren Blöcke aufgeschichtet wurden, überrascht am meisten die Präzision der Blockoberflächen. Die Unebenheiten betragen nicht mehr als 0,2 Millimeter, was etwa der Stärke einer Rasierklinge entspricht. Auch die quadratische Grundfläche mit einer Kantenlänge von 230 Meter wurde mit einer Präzision angelegt, die ohne hochmoderne Technik unmöglich scheint. Die rechten Winkel sind so perfekt, dass man selbst heute lasergestützte Messgeräte bräuchte, um diese Genauigkeit zu erreichen. Über die Bauzeit und die beteiligen Arbeiter gibt es keine verlässlichen Angaben. Es müssen aber Hunderttausende gewesen sein, die über einen Zeitraum von mehreren Jahrzehnten mit dem Bau beschäftigt waren.

Mumien

Wenn ein Mensch stirbt, leiten Bakterien einen dreimonatigen Fäulnisprozess ein, bei dem üble Gerüche aus Ammoniakgasen und Schwefelwasserstoff entstehen. Dann setzt normalerweise die Verwesung von allen Weich- und Knorpelteilen ein. Nach etwa vier Jahren ist von einem Toten in einem normalen Grab nur noch das Skelett übrig. Und auch das ist nach 25 Jahren zu Staub zerfallen. Die Aussicht auf totale Auflösung hat den Pharaonen offenbar nicht gepasst. Um den Verwesungsprozess zu stoppen, wurden ihre Körper sofort nach Eintreten des Todes aufwendig konserviert. Bis auf das Herz wurden alle inneren Organe gesondert bestattet. Mit Salz wurde dem Körper dann bis zu 70 Tage lang das restliche Wasser im Gewebe entzogen, in dem sich normalerweise die Fäulnisbakterien vermehren. Anschließend wurden die Hohlräume mit einem Gemisch aus Harz und Sägemehl oder Leinen ausgestopft und mit in Harz getränkten Leinenbinden bandagiert, um den Leichnam noch wirksamer gegen Sauerstoff zu schützen, der den Zerfall beschleunigt. Nicht nur Pharaonen, sondern auch reiche Leute ließen sich so mumifizieren. Und manchmal auch heilige Tiere wie Katzen und Krokodile.

DIE ALTEN GRIECHEN

Es gibt Völker, die den Weg in die Geschichtsbücher gefunden haben, weil sie die stärksten Krieger waren, die besten Jäger, die größten Eroberer, die besten Architekten, die schlauesten Wissenschaftler, die waghalsigsten Entdecker. Die alten Griechen waren von allem etwas. Ihren Eintrag in die Geschichtsbücher aber haben sie erreicht, weil die Welt, die sie geschaffen haben, als »Wiege der Kultur des Abendlandes« gilt. Dieser Satz erscheint zweifellos etwa so interessant wie eine zerbröselte Marmorsäule. Und doch bedeutet er nichts anderes, als dass es keine andere Kultur gab, die uns so stark bis zum heutigen Tag beeinflusst hat. Denn ohne die Griechen wären Europa (»das Abendland«) und seine Bewohner heute nicht das, was sie sind.
Die Epoche der Griechen begann etwa um 1200 v. Chr. und hatte ihre Hochzeit von 500 bis 360 v. Chr.

Sprache

Im griechischen Alphabet liegen die Wurzeln unseres eigenen, lateinischen Alphabets. Die Etrusker, ein altes Volk in Mittelitalien, unterhielten enge Beziehungen mit den alten Griechen und benutzten ihre Sprache, die Römer passten sie langsam an – und schon war das lateinische Alphabet geboren. Auch im deutschen Sprachgebrauch gibt es noch heute einen erheblichen Anteil von Wörtern griechischen Ursprungs.

Götter, Denker, Künstler

In keiner anderen Epoche der Menschheit sind von irgendeinem anderen Volk so viele grundlegende Werke

über das Wesen des Menschen und seines Lebens auf der Erde geschrieben worden wie in der griechischen Antike. Das Streben nach mehr Wissen wurde von berühmten Philosophen wie Platon und Sokrates an Schulen gefördert. Ihre Werke werden heute noch gelesen.
Die Geschichten, die die alten Griechen auf Pergamentrollen festhielten, sind stark von ihrer Mythologie beeinflusst – eine Welt voller Legenden und phantastischer Götter mit überirdischen Kräften, die auf eine Zeit von 2000 v. Chr. zurückgehen. Oft wurden reale Geschehnisse in diese Mythen eingeflochten und in großen Heldensagen aufgeschrieben. Eine der bekanntesten ist *Die Odyssee* von Homer, der als der erste namentlich bekannter Dichter der griechischen Antike gilt – und damit auch als ältester Dichter und Schriftsteller der Welt.
Auch in den Naturwissenschaften waren die Griechen allen anderen Europäern weit voraus, vor allem in Mathematik und Astronomie.
Selbst das Aufschreiben geschichtlich wichtiger Ereignisse wurde von den alten Griechen eingeführt – von Herodot, genannt der »Vater der Geschichtsschreibung«.

Olympische Spiele

Auch beim Sport waren die alten Griechen schneller als alle anderen. 776 v. Chr. fanden die ersten Spiele statt – zu Ehren von Zeus, der dem Mythos zufolge in Olympia auf der Halbinsel Peloponnes über die Götter- und Menschenwelt wachte. Die ersten 50 Jahre bestanden sie nur aus einem Stadionlauf, wobei *Stadion* zunächst keine Sportarena war, sondern ein altgriechisches Längenmaß (192,28 m). Der Begriff wurde später als Bezeichnung für Sportanlage übernommen. Rund 1000 Jahre dauerte die

erste Phase der Olympischen Spiele, damals eine rein griechische Veranstaltung. Wer in seiner Disziplin gewann, hatte fürs Leben ausgesorgt, denn der Staat gab ihm alles, was er brauchte, im Überfluss und auf Lebenszeit.
Dann folgten 1500 Jahre Pause, bis 1896 in Athen die ersten Olympischen Spiele der Neuzeit stattfanden.

Demokratie

Die Griechen waren 500 v. Chr. die Ersten, die wichtige Entscheidungen wie Wahlen oder Kriegsbeschlüsse nicht mehr einer kleinen, adeligen, reichen Minderheit überließen, sondern Schichten aus dem ganzen Volk mit einbezogen. Die Demokratie ist bis heute in der westlichen Welt die vorherrschende Staatsform. Symbol dieser Zeit ist die Akropolis – die antike Oberstadt von Athen mit ihren großen Tempeln.

DIE RÖMER

In der Sage heißt es, dass eine Wölfin die Stadtgründer Roms – die Zwillingsbrüder Romulus und Remus – großgezogen hat. Das passt auf jeden Fall zur Geschichte der Stadt, die 700 v. Ch. begann und im 2. Jh. nach Christus zum Römischen Reich geworden war – dem größten Imperium, das je in Europa existiert hat. Die Grenzen des Römischen Reichs unter Kaiser Trajan gingen im Norden bis nach England, im Westen bis zum Atlantik, im Süden und Osten bis Nordafrika und Kleinasien.
Der lange Zeit ungebremste Eroberungsdrang der römischen Kaiser und Imperatoren wie Julius Cäsar hatte große Auswirkungen auf die Völker des Nordens: Sie brachten eine hochentwickelte Kultur zu den germanischen Stämmen, die damals unter primitiven Verhältnissen lebten und nur selten feste Siedlungen kannten. Rom hingegen war zu Christi Geburt der Nabel der Welt. Dort lebten bereits damals 1 Million Menschen. Die Römer erfanden zum Beispiel den Straßenbau und brachten viele technische, künstlerische und wissenschaftliche Errungenschaften in den Norden, die sich stark an den von ihnen hochverehrten Griechen orientierten. Dass sich das Römische Reich bis ans Ende des 5. Jh. n. Ch. halten konnte, lag vor allem an der römischen Armee, ohne die Rom niemals so groß geworden wäre.

Die römischen Legionäre

Die römische Armee setzte sich aus Legionen zusammen, die mit Hilfstruppen auf eine Stärke von mehr als 150.000 Mann kam – die damals mit Abstand größte Armee der Welt. Die Legionäre waren berüchtigt für ihre hervorragende Ausbildung, vorzügliche Bewaffnung und eiserne Disziplin im Gefecht. Die Offiziere perfektionierten die Kriegsführung, indem sie immer ausgefeiltere militärische Strategien und Taktiken entwickelten. Jede Legion, die in Kohorten (der 10. Teil einer Legion) und Zenturien (Hundertschaft) unterteilt war, bestand aus 700 Reitern und etwa 6.000 Fußsoldaten, von denen jeder einzelne zum Schutz neben dem Schild ein metallenes Kettenhemd oder einen Schuppenpanzer trug. Bewaffnet waren sie mit einem Wurfspeer, einem Dolch und *Gladius*, einem zweischneidigen, 50 Zentimeter langen Kurzschwert, dem Markenzeichen der Legionäre. Die Legionäre waren besonders gefürchtet beim Nahkampf. Hinzu kamen größere Belagerungswaffen wie Katapulte und gigantische Armbrüste, mit denen balkengroße Pfeile verschossen wurden. Das Leben in der Armee war kein Zuckerschlecken: Auf dem Programm standen neben härtester körperlicher Ausbildung in Kampftechniken monströse Märsche, an deren Ende die Legionäre nicht selten befestigte Lager errichten mussten.

Römische Spuren in Deutschland

Es gibt eine ganze Reihe von Städten in Deutschland, die auf eine römische Gründung zurückgehen und meist um die 2000 Jahre alt sind:

Römischer Name	*Deutscher Name*
Aquae Grani	Aachen
Augusta Vindelicum	Augsburg
Civitas Aurelia Aquensis	Baden-Baden
Castra Bonnensia	Bonn
Amisia	Emden
Cambodunum	Kempten
Confluentes	Koblenz
Colonia Claudia	
Ara Agrippinensis	Köln
Mogotiacum	Mainz

Germanische Kriegslist gegen die Römer

Viele Städte, die in der damaligen Zeit entstanden sind, liegen am linken Rheinufer, denn die rechtsrheinischen Gebiete galten wegen der dichten Wälder als uneinnehmbar. Und das hat einen besonderen Grund: die Niederlage der Römer bei der berühmten *Varusschlacht*.
Varus war im Jahr 7 n. Chr. von Kaiser Augustus als Statthalter der gallischen Provinzen und Befehlshaber der römischen Legionen am Rhein eingesetzt worden, deren Ziel eine ständige Ausdehnung des Imperiums war. Zwei Jahre später kam es in den Legionen, in denen auch viele ausgewählte, hochrangige Germanenführer Dienst taten, zu einem Aufstand, der vom Germanen Armin, genannt Arminius (auch »Hermann der Etrusker«), angeführt wur-

de. Arminius hatte einige rebellische germanische Stämme hinter sich vereinigt, die sich gegen die Steuereintreibungen und herablassende Behandlung durch die Römer sträubten. Arminius lockte im September des Jahres 9 n. Chr. eine 25 Kilometer lange römische Truppenkolonne auf einem Marsch von der Weser zum Rhein in einen Hinterhalt und besiegte mit germanischen Kriegern die Kolonne. 20.000 römische Legionäre fanden bei der Schlacht den Tod, die im Teutoburger Wald an der heutigen Grenze zwischen Niedersachsen und Nordrhein-Westfalen stattgefunden hat und auch »Schlacht am Teutoburger Wald« genannt wird.
Um die linksrheinischen römischen Provinzen vor den Germanen zu schützen, die die Römer fortan ständig überfielen, errichteten die Römer einen mehr als 500 Kilometer langen Grenzwall aus Palisadenzäunen, Mauern und Gräben, Limes genannt, der sich mit 900 Wachtürmen von Andernach am Rhein bis Regensburg an der Donau erstreckte. Einige Reste davon stehen noch heute.

Gladiatoren

Gladiatoren waren Kämpfer, die bei blutigen Volksfesten in den Amphitheatern des Römischen Reiches eingesetzt wurden. Sie mussten gegeneinander oder gegen Raubtiere wie Löwen, Leoparden und Bären kämpfen. In der Anfangszeit der Gladiatorenkämpfe 250 v. Chr. waren es Schwerverbrecher, Sklaven und Kriegsgefangene, die in Gladiatorenschulen für die Kämpfe ausgebildet wurden. Die besten unter ihnen trugen eine prächtig verzierte Rüstung mit Brustpanzern, Beinschienen, einer Armpanzerung (für den Kampfarm) und einen Helm, der Wangenklappen hatte und oben mit einem roten Federbusch verziert war. Zur »Einstimmung« des blutrünstigen Publikums wurde mit Peitschen, Knüppeln und Holzschwertern gekämpft, dann mit Schwertern, Lanzen, Bögen, Dreizack, Netz und Dolch zu Fuß, zu Pferd oder auf einem vom Pferd gezogenen Streitwagen. Die Kämpfer wurden selten älter als 25 Jahre, denn viele Kämpfe endeten mit dem Tod eines der beiden Gegner. Zudem hing das Leben der Gladiatoren stark von der Gunst des Publikums ab. Wenn ein guter Kämpfer einmal vor einer Niederlage stand und aufgab, konnte das Publikum ihn begnadigen. War der Kämpfer schlecht oder hatten die Zuschauer noch keinen tödlichen Kampf gesehen, entschieden sie oder der Veranstalter oft auf Hinrichtung. Manche Gladiatoren wurden auch freigelassen, wenn sie ein paar Jahre erfolgreich gekämpft hatten. Im 5. Jahrhundert wurden Gladiatorenkämpfe schließlich verboten.

DIE WIKINGER

Stierkopfähnliche Helme über einem wild mit Haaren zugewachsenen Gesicht, hünenhafte Größe, bewaffnet mit zweischneidigen Langschwertern und großen Streitäxten, bei Wut in die Schutzschilde beißend: Vermutlich wären beim Anblick der Wikinger sogar Gladiatoren erst mal in Deckung gesprungen. Das kampflustige Volk des Stammes der Normannen aus dem hohen Norden Europas versetzte im frühen Mittelalter den Kontinent mit ausgedehnten Plünderungs- und Eroberungszügen in Angst und Schrecken.

Ende des 7. Jahrhunderts kamen die Wikinger nach einem Überfall auf ein englisches Kloster auf den Geschmack. Und der Hunger der in kleinen Meerbuchten lebenden, von Wind und Wetter gebeutelten Seefahrer nach Neuland war groß. Ihre einfachen, aber hochseetüchtigen und schnellen Langboote, die in dieser Zeit die europäischen Meere kontrollierten, trugen norwegische Stämme zur Besetzung nach Schottland und Irland. Dänische Wikinger knöpften sich England und Frankreich vor – die Normandie ist nach den Normannen benannt. Von dort aus drangen sie an den Mittelrhein nach Bonn, Köln und Trier vor und zerstörten die von Römern gegründeten, schon damals fast 1000 Jahre alten Städte. Bis Ende des 11. Jh. folgten das Rhônetal (Schweiz) und Norditalien. Sie kamen sogar bis nach Konstantinopel (heute: Istanbul), Kiew (Ukraine) und Bagdad (Irak). In Süditalien gründeten sie zwei neue Staaten: Sizilien und Apulien. In beiden italienischen Regionen gibt es noch heute auffallend viele Menschen mit roten Haaren und blauen Augen.

Die Wikinger, die mit den *Runen* (einer Art Keilschrift) eine eigene Schrift besaßen und vorzügliche Waffen- und

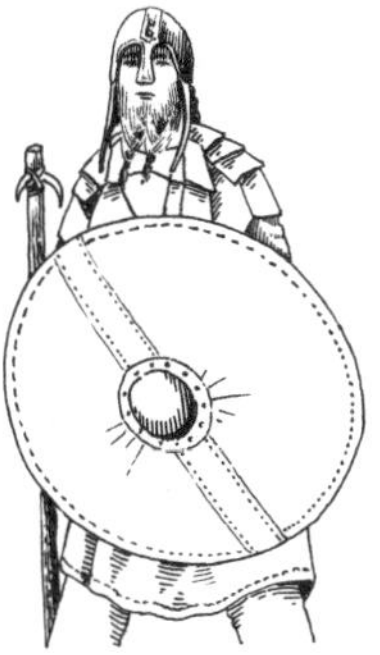

Kunstschmiede waren, galten ebenfalls als tüchtige Geschäftsleute und gründeten an der heutigen deutsch-dänischen Ostseegrenze mit Haithabu im 8. Jh. den ersten bedeutenden Handelsplatz im Norden Europas. Es gab auch Entdecker unter ihnen. Der bedeutendste hieß Leif Eriksson und betrat 500 Jahre vor Christoph Kolumbus nordamerikanischen Boden. Im heutigen Neufundland gründete er eine Siedlung, die er aber wieder aufgab. Erikssons Pech war, dass im Gegensatz zu Kolumbus, der ebenfalls nie wusste, was er wirklich entdeckt hatte, auch niemand im Nachhinein die Bedeutung seiner Reise richtig einordnete. Und so zollte ihm auch niemand den Ruhm, der ihm eigentlich zusteht.

Götter und Gesetze der Wikinger

Das Leben im rauhen, nordischen Wetter ließ die Wikinger an Naturgottheiten glauben, die zwar stark waren, aber dem menschlichen Wesen viel mehr ähnelten als die Götter der Griechen oder Römer und wie die Menschen sterblich waren. Der Glaube war von Kampf geprägt, ohne Hoffnung und endete mit dem *Ragnarök* – dem Weltuntergang, der das Ende von Menschen und Göttern bedeutete. Odin war der Ahnvater aller Götter, eine Schreckensgestalt, dem die zwei Raben *Hugin* (Gedanke) und *Munin* (Erinnerung) auf der Schulter saßen. Sie flogen morgens fort, kamen abends heim und berichteten Odin, was sie gesehen hatten.

Die Wikinger trafen sich ein- bis zweimal im Monat unter

freiem Himmel zum *Thing*, einer Ratsversammlung, die es auch bei germanischen Stämmen gab und bei der alle wichtigen Entscheidungen getroffen wurden. Einige skandinavische Regierungen tragen heute noch diesen Namen: Althing (Island), Folketing (Dänemark), Storting (Norwegen).

Zudem pflegten die Normannen eine reichhaltige Welt der Sagen, die von Naturgeistern wie Elfen, Feen, Kobolden, Zauberern und Hexen bevölkert war.

Das Wikingerschiff

Die Langschiffe der Normannen waren einfache, aber sehr solide, kräftige Boote aus schwerem Eichenholz mit einem Mast und einem Rahsegel (rechteckig oder trapezförmig, an einer Rah (Querbalken) oben am Mast aufgehängt). Bis zu 8 Meter breit und 24 Meter lang, fassten die Schiffe knapp 300 Mann und konnten auch gerudert werden. Vorder- und Achtersteven (Verlängerung des Kiels, die den Schiffsrumpf vorne und hinten abschließt) waren senkrecht nach oben gezogen und mit geschnitzten Drachen- oder Schlangenköpfen verziert.

DAS MITTELALTER

Es gibt wohl kein spannenderes Zeitalter als das Mittelalter, das mit dem Untergang des Römischen Reiches Ende des 5. Jh. n. Chr. begann und mit der Entdeckung Amerikas Ende des 15. Jh. endete. In diesen 1000 Jahren entwickelten sich in allen Ecken des Kontinents fortschrittliche Gesellschaften, die neue, eigene Kulturen hervorbrachten. Es wurden Dörfer, Städte, phantastische Burgen, prächtige Dome, Kathedralen und Schlösser gebaut, Urwald in Acker umgewandelt, Könige und Kaiser gekrönt, um die Vorherrschaft gigantische Schlachten geschlagen. Ritter führten Kriege im Namen der Kirche, Hexen wurden verbrannt, Fürstentümer blühten auf oder zerfielen zu Staub, die Bildung neuer, großer Staatenbünde begann. Es war die Geburtstunde des Volkes der Deutschen, die aus mehreren germanischen Stämmen hervorgingen und von Otto I., König des Ostfrankenreiches und römischer Kaiser, vereint wurden. Die Wissenschaft begann, sich selbst neu zu entdecken – die ersten Universitäten wurden gegründet. Die ganze Welt wurde neu erklärt und war am Ende des Mittelalters plötzlich keine Scheibe und der Mittelpunkt des Universums mehr, sondern nur eine runde Kugel, die sich um die Sonne dreht. Und die katholische Kirche samt Papst, die zu jener Zeit als stärkste Macht selbst das Schicksal von Königen und Kaisern in der Hand hatte, stand am Ende vor ihrer Spaltung. Die einfachen Leute hatten die Schnauze voll von Steuerlasten und Bevormundungen, die ihnen Kirche und der Adel auferlegten, die unter einer Decke steckten, um ihre Macht zu erhalten.

Die Burgen

Die ersten Burgen wurden von Adelsfamilien, die Herzöge, Landesfürsten und Könige stellten, vor allem als Schutz gegen die Überfälle herumziehender Banden und Raubzüge gebaut, die während der Zeit der Völkerwanderungen in den ersten 500 Jahren des Mittelalters an der Tagesordnung waren. Sie standen meist auf Hügeln, von denen aus man die Umgebung gut beobachten konnte, und waren von Wassergräben und Schutzwällen umgeben. Im Fall eines Angriffs wurde auch der normalen Bevölkerung Schutz hinter den Burgmauern gewährt. Im Hochmittelalter (1000 bis 1300 n. Chr.) gab es rund 15.000 Burgen in Europa. Viele bestanden lediglich aus einem Wohn- und einem Wehrturm. Die Burgen höhergestellter Adelsfamilien hingegen waren manchmal sogar von zwei Burgmauern gesichert, hatten einen großen Burghof, auf dem in der Mitte der Burgfried – ein stehender Turm – als letzter Zufluchtsort diente, einen Burggarten, mehrere Wohn- und Wirtschaftsgebäude, mindestens einen Festsaal, ein Verlies im Keller, Ställe, eigene Schmieden, eine eigene Kirche. Oft wuchsen um Burgen herum auch Siedlungen. Auf einer durchschnittlich großen Burg lebten ungefähr 70 Menschen. Das Leben war hier zwar sicherer als draußen vor dem Tor, aber nicht unbedingt angenehmer: Die großen Räume waren kalt und dunkel und ließen sich schlecht durch Kamine heizen. Auch auf der Burg wurde meistens hart gearbeitet, und Abwechslung boten nur die Feste, die hin und wieder gefeiert wurden. Dafür dann aber umso wilder.

Vom Jungen zum Ritter

Um zum meistgefürchteten Soldaten des Mittelalters zu werden, musste man früh mit dem Spielen aufhören und mit dem Üben anfangen. Wer das Glück hatte, als Sohn eines Ritters oder Edelmanns geboren zu werden, wurde im Alter von sieben Jahren vom Vater zu einem anderen Ritter geschickt, für den er zunächst sieben Jahre als Page arbeiten musste. In der Regel wurden Pagen hart erzogen, damit sie sich so früh wie möglich an die Entbehrungen des Ritterlebens gewöhnten. Der Ritter lehrte seinen Ziehsohn Fechten, Ringen, Reiten, Armbrustschießen und vieles mehr. Am flackernden Kaminfeuer las er ihm Ritter-Heldengeschichten vor, die schon damals sehr beliebt waren. Mönche oder Prediger brachten dem Pagen Rechnen und Fremdsprachen wie Englisch und Französisch bei, was bei all den Verhandlungen und Kriegen, die ein Ritter führen musste, wesentlich nützlicher war als Latein. Im Alter von 14 Jahren wurde aus dem Pagen der Knappe des Ritters. Er war nun fast immer bei ihm, lernte den Kampf mit Schwert und einer langen Holzlanze zu Pferd, nahm bereits an Ritterturnieren teil, begleitete ihn bei Geschäften, bei der Jagd und auch auf dem Schlachtfeld. Im Alter von 21 Jahren wurden die Knappen dann zum Ritter geschlagen. Sie bekamen eine Ritterrüstung aus Eisen, die bis zu 40 Kilogramm wog, und gehörten zu den am meisten respektierten Persönlichkeiten im Lande. 14 Jahre mussten die Jungen also auf diesen Moment warten.

Aber es lohnte sich. Denn als Ritter stellten sie ihre Fähigkeiten in die Dienste eines Fürsten oder Königs, der sie dafür mit einem Gutshof, einer Burg oder einem ganzen Dorf als Lehen entlohnte. Was bedeutete, dass dem Ritter auf Lebenszeit das Recht verliehen wurde, die ihm geliehenen Güter für seine Bedürfnisse zu nutzen. Die Menschen, die in der Burg oder dem Dorf lebten, mussten für den Ritter und seine Begleiter sorgen. Nicht selten waren diese Lehen auf die Nachkommen vererbbar. Ritter genossen auch bei Kirche und Hof eine Menge Vorrechte, die ihnen als Mitglieder des Adels noch weit über das Mittelalter hinaus erhalten blieben.

Die Kreuzritter

Bei ihrem Eid, in dem es um lauter edle Dinge wie Gerechtigkeit, Ehre, Ehrlichkeit und Treue ging, schworen die Ritter unter anderem auch, die Kirche stets zu verteidigen und den Unglauben zu bekämpfen – ohne Gnade. Diejenigen, die sich den letzten Teil des Gelübdes zur Hauptaufgabe machten, waren Ritter, die auf ihrem Gewand ein großes Kreuz als Zeichen ihrer besonderen Treue zur Kirche trugen, weswegen sie Kreuzritter genannt wurden. Zwischen dem 11. und 13. Jh. gab es mehrere große Kreuzzüge, bei denen ganze Heere dieser Kreuzritter im Namen der katholischen Kirche den christlichen Glauben Anders- oder Nichtgläubigen mit dem Schwert aufzwangen.

Es bildeten sich sogar rein religiöse Ritterorden wie die Tempelritter oder der Johanniterorden. Sie bestanden aus kämpferischen, gut ausgebildeten Mönchen, die vor allem gegen die Muslime und für die Zurückeroberung Jerusalems in den Kampf zogen. Heute erscheinen die Kreuzzüge barbarisch und unchristlich: Sie kosteten Abertausende Menschenleben und brachten zudem den Christen eine Feindschaft von Muslimen ein, deren Auswirkungen bis heute zu spüren sind. Zu jener Zeit aber hatte das Rittertum seinen Höhepunkt erreicht. Die Kreuzzüge galten als eine gute Sache. Gegen Ende des 15. Jahrhunderts waren die Dienste der Ritter jedoch immer weniger gefragt. Es gab noch eine kurze Zeit, in der die einst so ehrenwerten Herren all ihre guten Vorsätze vergessen hatten und als Raubritter plündernd durchs Land zogen, da sie oft kein Geld mehr hatten. Dann aber ging der Stern dieser Kämpfer endgültig unter: Niemand brauchte sie mehr, weil Schwert und Lanze durch haushoch überlegene Feuerwaffen verdrängt wurden.

Der Schwarze Tod

Die Pest war viele Jahrhunderte die gefährlichste Krankheit, die es gab, da sie sich wie eine Grippe epidemieartig ausbreitet, innerhalb kurzer Zeit zahllose Menschen ansteckt und binnen weniger Tage zum Tod führen kann. Der Pesterreger – eine Bakterie – gelangt von Ratten oder Mäusen über Flöhe nach einem Biss in den Menschen.

Die große Pest, die Europa von 1347 bis 1353 in die Knie zwang, war die schlimmste aller Zeiten. Jeder dritte Europäer starb in diesen sieben Jahren an der Pest – insgesamt rund 25 Millionen Menschen. Da die Haut der Menschen sich während des Krankheitsverlaufs schwarz färbte, nannte man die Pest im Mittelalter den *Schwarzen Tod.* In Deutschland zählten Bremen, Hamburg und Köln zu den Städten mit den meisten Opfern. Die Pestärzte trugen lange Wachsumhänge, Handschuhe und eine vogelähnliche Maske mit Kräutern darin, weil sie dachten, dass sie sich so gegen eine Ansteckung schützen könnten.

ALLES ÜBER PIRATEN

Raubzüge im Namen des Königs

Piraten gibt es, seit es Schiffe gibt, die Handelswaren übers Meer transportieren, also schon seit den Zeiten der Römer vor 2000 Jahren. Selbst in der Nord- und Ostsee mussten vor 600 Jahren Handelskoggen von Kriegsschiffen begleitet werden, um sich gegen Piraterie zu schützen. Ihre Blütezeit erlebte die Piraterie jedoch, als die Spanier begannen, das Gold und Silber nach Europa zu schiffen, das sie bei ihren Eroberungszügen in Mittel- und Südamerika gefunden, getauscht oder selber geraubt hatten. In den ersten 300 Jahren nach der Entdeckung Amerikas waren es oft die Regierungen Englands oder Frankreichs, die hinter den Überfällen spanischer und portugiesischer Schiffe steckten. Sie stellten den Kapitänen Kaperbriefe aus – eine Ermächtigung, im Auftrag der Krone fremde Schiffe zu plündern.

Rauhe Bande mit harten Regeln

Piraten galten als sehr gute Seefahrer und waren den mit Gold und Silber schwer beladenen Schiffen allein schon wegen des viel geringeren Gewichts überlegen, da sich Seemanöver mit leichten Schiffen schneller ausführen ließen. Die Mannschaft setzte sich meist aus einem Haufen abenteuerlustiger Halunken zusammen. Das bedeutete aber nicht, dass das Leben auf den Piratenschiffen lustig gewesen wäre: Meist hatten die Piraten keine andere Wahl, sich ihr Geld auf diese Weise zu verdienen, auf der sie bei jeder Seefahrt vom ersten bis zum letzten Tag ihr Leben

riskierten. Das Essen war eintönig und ungesund. Meist bestand es nur aus hartem Gebäck, getrockneten Früchten und Wasser. Und an Bord gab es ständig etwas zu tun: Neben Plankenschrubben und Reparaturen mussten Pistolen und Musketen in der salzigen Meerluft fast täglich gereinigt werden, damit sie stets einsatzbereit waren.
Piraten waren auch keine galanten Schlawiner wie der Filmpirat Jack Sparrow. Sie waren erbarmungslos und töteten allein deswegen, um beim Kapern von Schiffen nicht selber getötet zu werden. Die meisten Piraten vergruben ihre Schätze auch nicht auf irgendwelchen mit Palmen bestandenen Trauminseln. Dort fuhren sie lediglich hin, um Schutz vor Verfolgern zu suchen, ihre Beute aufzuteilen und bei der erstbesten Gelegenheit restlos auf den Kopf zu hauen. Denn Piraten hatten in der Regel kein langes Leben.
Deshalb ging es auf einem Piratenschiff viel strenger zu, als man denkt. Und alle Piraten waren damit einverstanden! Sie wählten aus ihrer Mitte heraus den Tauglichsten zum Kapitän und beschlossen die Raubzüge stets gemeinsam, so wie jeder Beute, Essen und Trinken (inklusive Rum) zu gleichen Teilen bekam. Nur der Kapitän und ein oder zwei Getreue erhielten mehr. Machte er hingegen seine Arbeit schlecht, wurde er abgewählt. Es gab sogar eine Art Krankenkasse für im Kampf verwundete Piraten, die entsprechend nach Schwere der Verletzung, soweit sie überlebten, einen deutlich höheren Anteil an der Beute vorsah.
Als schweres Vergehen wurde Diebstahl an Bord geahndet. Zur Strafe wurde den Langfingern ein Ohr oder die Nase abgeschnitten. Manchmal setzte man sie auch allein auf einsamen Inseln aus, was einem Todesurteil gleichkam.

Die Karibik war das Zentrum der Piraten, denn hier mussten die reich beladenen Galeonen der Spanier auf ihrem Rückweg Richtung Europa durch. Allein vor der Küste Kubas liegen noch heute – bis zu 500 Jahre nach ihrem Untergang – mehrere Tausend Schiffe samt ihrer Schätze und Piratenknochen auf dem Meeresgrund.

Auch heute gibt es noch Piraterie auf den Weltmeeren, vor allem in der Malakka-Straße zwischen Malaysia und Indonesien und vor den Küsten Afrikas. Die modernen Piraten sind mit den besten Schnellbooten, Satellitennavigation und Maschinengewehren ausgerüstet.

Bukaniere, Freibeuter, Korsaren

Bukaniere (auch: Flibustier) wurden Seeräuber genannt, die in der Karibik kaperten. Sie gehen auf französische Siedler zurück, die die Inseln St. Christopher, Santo Domingo und Haiti besiedelten. Ihre Schiffe gehörten meist britischen Gouverneuren, die karibische Inseln für die englische Krone verwalteten. Eine der wildesten und reichsten Städte der Karibik um 1650 war zugleich auch eines der größten Piratennester: Port Royal. Ende des 17. Jahrhunderts wurden die Bukaniere durch eine französische Flotte aufgerieben. Aus den arbeitslosen Bukanieren wurden Piraten, die eigene Schiffe hatten und machten, was sie wollten.

Freibeuter hingegen fuhren Schiffe, die einem Landesherrn gehörten, meist europäischen Königshäusern.

Als Korsaren wurden die Piraten des Mittelmeers bezeichnet. Als einzige Seeräubergruppe ging es diesen Piraten im 16. und 17. Jahrhundert nicht zuerst um das Rauben von Schätzen, sondern um das Entführen von Menschen, meist europäische Christen, die sie entweder als Sklaven verkauften oder, wenn es sich um reiche Leute handelte, gegen die Erpressung von Lösegeld freiließen. Die Korsaren waren arabischer Herkunft und kamen aus nordafrikanischen Staaten.

Die berühmtesten Piraten

Klaus Störtebeker
Der erste Pirat, der sich auf den Meeren einen Namen machte und am Ende des Mittelalters Nord- und Ostsee in Angst und Schrecken versetzte, war ein Deutscher: Klaus Störtebeker (ca. 1360–1401). Er plünderte die Koggen der Hansestädte. 1401 wurde er dafür in Hamburg mit 30 anderen Piraten enthauptet. Einer Legende zufolge soll er ohne Kopf noch vor 17 Männern seiner Mannschaft entlanggeschritten sein.

Edward Teach, genannt »Blackbeard«
Britischer Freibeuter, der sich in der Karibik schnell selbständig machte. Galt als besonders grausamer Pirat, der seine Opfer durch martialische Kleidung einschüchterte: Er war von Kopf bis Fuß mit Pistolen, Messern und Säbeln behängt und knotete sich in seinen langen schwarzen Bart brennende Lunten, die ihm ein teuflisches Aussehen gaben. Einige Kapitäne von Handelsschiffen hatten so viel Angst, dass sie »Blackbeard« (Schwarzbart) ihre Ladung völlig widerstandslos überließen. Als er 1718 den Hafen von Charleston in der damals britischen Kolonie South Carolina (Nordamerika) belagerte, hetzte ihm der dortige Gouver-

neur einen erfahrenen Kapitän auf den Hals, der »Blackbeard« sofort zur Strecke brachte und dessen Kopf am Bugspriet (ein fast waagerechter Mast, der über den Bug nach vorn zeigt) seiner Schaluppe aufhängte.

Sir Francis Drake
Die meistgefürchteten Piraten der Karibik waren *Freibeuter*, und der berühmteste stand als Vizeadmiral im Dienst von Elizabeth I., Königin von England: Francis Drake (1540–1596). Er wurde für seine Taten als Pirat, mit denen er der damals größten Seemacht Spanien erhebliche Verluste zufügte, von der Königin zum Ritter geschlagen.
Wenn du in eine Kartoffel beißt, denk an diesen Piraten. Es soll nämlich Sir Francis Drake gewesen sein, der die Erdknolle 1581 von Peru nach Europa einführte.

Anne Bonny
Die Irin war eine der wenigen Frauen, die es in der Piraterie zu mehr als zur Piratenbraut brachte. Sie verkleidete sich zunächst als Mann, wurde jedoch entdeckt. Soll sich in einen Piraten verliebt haben, bis sie entdeckte, das dieser in Wahrheit auch eine Frau war: die Engländerin Mary Read. Zusammen mit ihr und einer weiteren Piratenlegende namens Jack Rackham, der die Piratenflagge *Jolly Roger* entworfen haben soll (Totenkopf mit zwei darunter gekreuzten Säbeln, oft auch durch Knochen ersetzt), machten sie Anfang des 18. Jahrhunderts mit einer kleinen Crew die Karibik unsicher. Als ein Regierungsschiff ihre Schaluppe enterte, mussten die beiden Damen das Schiff allein verteidigen – die männliche Besatzung samt Jack Rackham war betrunken. Alle drei wurden 1720 auf Jamaika zum Tode durch den Strang verurteilt. Den beiden Frauen wurde der Galgen erspart, da sie schwanger

waren. Mary Read starb wenig später an Fieber, Anne Bonny hingegen soll ihre Sünden als Nonne gebüßt haben.

Bartholomew Roberts

Als einer der ungewöhnlichsten Piraten gilt Bartholomew Roberts (1688–1722). Zunächst selbst ein Opfer von Piraten geworden und gezwungen, bei den Beutezügen auf dem Meer mitzuhelfen, fand der Engländer Gefallen am Piratendasein und wurde schon bald wegen seiner Kühnheit zum Piratenkapitän gewählt. In den nur drei Jahren bis zu seinem Tod plünderte Roberts im Atlantik und der Karibik weit über 400 Schiffe, darunter auch viele englische.

Sir Henry Morgan

Dieser Engländer startete seine Karriere als Freibeuter für die britische Krone und galt als einer der erfolgreichsten Bukaniere von Port Royal. Sein größter Coup war 1671 der Überfall der damals reichsten spanischen Handelsniederlassung im mittelamerikanischen Panama mit 36 Schiffen und 1.200 Mann. Die britische Krone war von Morgans Plündereien spanischer Schiffe so entzückt, dass sie ihm nach seinem Tod 1688 doch glatt ein Staatsbegräbnis in Port Royal widmete. Morgan wurde auch berühmt für seine »Articles of Agreement« – ein Ehrenkodex, mit dem er die Entschädigung seiner Mannschaften bei Verletzungen regelte. So gab es zum Beispiel »für den Verlust eines rechten Arms 600 Piaster oder sechs Sklaven«.

DIE SAMURAI

Die Samurai waren begnadete Bogenschützen, Reiter und Schwertkämpfer und galten als die stärksten Krieger im mittelalterlichen Japan. Oft lag die Macht nicht bei den Fürsten oder Kaisern, sondern bei dem *Shogun*, wie die militärischen Samurai-Führer genannt wurden. Sie schworen ihren Herren, bis zum Tod für sie zu kämpfen, und hatten einen Ehrenkodex, den *Bushido* (»Weg des Kriegers«). So mussten sie zwar den Tod verachten, aber Sinn für Gerechtigkeit und Ehre beweisen, allen Menschen mit Mitgefühl begegnen, Respekt besitzen und immer höflich sein. Nach dem 17. Jahrhundert gab es in Japan keine Verwendung mehr für die Samurai.

Waffen und Rüstung

Diese Krieger waren bis an die Zähne bewaffnet mit Lanzen, die gekrümmte Klingen hatten, Eisenstangen, Bogen, Dolchen und zwei Schwertern – ihren gefährlichsten Waffen. Es gab ein kurzes und ein langes Schwert. *Wakizashi*, das kurze, war zwischen 30 und 50 Zentimeter lang, *Katana*, 60 Zentimeter und hatte eine gekrümmte, rasierklingenscharfe Schneide. Es gilt als eines der hochwertigsten und schärfsten Schwerter, die Menschen je herstellten. Die Rüstung bestand aus einem eisernen Helm mit Nackenschutz, einer furchterregenden Maske und einem schuppenartigen Schutzpanzer aus dickem Leder, der reichhaltig und bunt verziert war und in dem sich die Krieger ausreichend bewegen konnten.

Harakiri

Es gab ein grausames Tötungsritual, das der Samurai mit dem Kurzschwert an sich selbst vollzog, wenn er zum Beispiel durch Feigheit Schande über seinen Namen und seine Familie gebracht hatte, was als schweres Vergehen unter den Kriegern angesehen wurde: *Harakiri*. Der Samurai stieß sich dazu sein Schwert selbst in den Bauch und musste sich die Eingeweide aufschlitzen. Es kam natürlich auch unter den Samurai vor, dass ein Krieger die Qualen beim *Harakiri* nicht mehr ertrug. In diesem Fall war es ihm erlaubt, einen Freund zu »bitten«, ihm mit dessen *Wakizashi* den Kopf abzuschlagen.

DIE NINJA

Bekannt vor allem aus japanischen Kinofilmen, Videospielen und als grüne Schildkröten in Ninja-Klamotten, könnte man schnell glauben, die Ninja seien eine Erfindung aus unserer Zeit. Oder eine hochmoderne Anti-Terror-Einheit, die meist ähnlich gekleidet ist: schmucklos, ganz in Schwarz, das Gesicht vermummt unter einem Stück Stoff mit Sehschlitzen. Doch weit gefehlt: Die Ninja waren – wie die Samurai – eine mittelalterliche Truppe hochspezialisierter Krieger. Das Besondere an ihnen ist, dass sie ungewöhnliche, raffinierte Techniken in Kampf und Täuschung entwickelt haben. Und das hat auch einen besonderen Grund: Die Ninja sollen im 12. Jahrhundert in einsamen japanischen Bergregionen aus armen Bauern der Hauptinsel Honshu hervorgegangen sein, die sich gegen die Fürsten und ihre Samuraitruppen schützen mussten, die nicht immer so ehrenwert waren, wie sie sollten.

Waffen

Not macht erfinderisch: Weil die Bauern sich keine teuren Waffen leisten konnten, mussten sie andere Wege ersinnen, sich gegen die übermächtigen Samurai zur Wehr zu setzen. Der erste Vorteil, den sie sich vor ihren Gegnern verschafften, war die Tarnung: keine schweren und bunten Rüstungen, die beim Kampf nur hinderlich waren, sondern federleichte schwarze Kleidung, die zudem in der Nacht fast unsichtbar macht. Leicht und klein mussten auch die Waffen sein – so waren sie schneller einsatzbereit und billiger und leichter herzustellen. Eine gefürchtete Waffe und zugleich die berühmteste war der *Shuriken*, ein metallener Wurfstern mit messerscharfen Kanten und

Spitzen. Die Ninja entwickelten die Wurftechniken zu einer eigenen Kunst, die im Kampf schnell und lautlos Vorteile verschaffte und den Gegner wenn auch selten tötete, so doch kampfunfähig machte. Das *ninjato*, ein kurzes Schwert, und ein dreispitziger Dolch waren für den wendigen Nahkampf gedacht, ebenso wie der *Kusarigama*, eine Sichel mit Handgriff an einer Kette, an deren anderem Ende eine Stahlkugel hing.

Kampftechniken

Die Ninja waren Meister im Täuschen und Tricksen. Sie warfen Feuerwerkskörper und Rauchbomben, um den Gegner zu verwirren. Banden sich große Holzschuhe an die Füße, mit denen sie auf dem Wasser aufrecht gehen konnten. Versteckten sich unter Wasser, indem sie durch Bambusrohre atmeten. Oder sie verkleideten sich als Samurai, um nah an hochrangige Feinde heranzukommen und sie zu töten. Ihre Körperbeherrschung ähnelte jenen der Kampfsportarten wie Kung Fu oder Karate. Die Ninja konnten auch sehr hohe Sprünge aus dem Stand machen und lautlos mit beiden Füßen wieder auf dem Boden landen.

DER WILDE WESTEN

Abenteuer und Gesetzlosigkeit

Seit der Entdeckung Amerikas 1492 war gerade einmal etwas mehr als ein Jahrhundert vergangen, da setzte um 1620 in Europa eine Auswanderungswelle ein, wie es sie noch nie gegeben hatte. Allein in den ersten 150 Jahren verließen mehr als 2 Millionen Menschen mit Sack und Pack die »Alte Welt«, die von Religionskriegen und Pest gebeutelt war. Die Reise über den Atlantik war alles andere als ein Vergnügen: Die Auswanderer riskierten ihr Leben bei einer gefährlichen, wochenlangen Seefahrt, um in der »Neuen Welt« ihr Glück zu versuchen. In Nordamerika erwartete sie ein Land, das Europa sehr ähnlich war, aber unendlich groß und ohne jedes Zeichen ähnlicher Zivilisation. Die Neuankömmlinge nahmen das Land in Besitz und drangen in waghalsigen Expeditionen immer weiter in die Wildnis von Ost nach West vor. Sie bauten Städte, Farmen, Straßen, Bergwerke, Eisenbahnen. Gesetze gab es zunächst nicht. Oft entbrannten um Ländereien, Goldfunde und Viehherden unter den Siedlern blutige Kämpfe, in die immer öfter auch Indianer verwickelt wurden, die man wegen ihrer roten Gesichtsbemalung auch »Rothäute« nannte. Nachdem die Europäer dort die ersten Kolonien gegründet hatten, bekämpften sich diese Kolonien sogar untereinander. So entstand im fernen Europa das Bild vom »Wilden Westen«.

Trapper

Lange Zeit waren Trapper die wichtigsten Schlüsselfiguren für die Besiedelung von Wildnis und den weiten Prärien. Sie waren harte Naturburschen, die als Kundschafter für Expeditionen, Siedlertrecks und Soldaten unentbehrlich waren und sich gelegentlich auch ein Zubrot durch den Handel von heißbegehrten Tierfellen verdienten. Nur sie kannten sich in der Wildnis aus, in der sie oft jahrelang allein gelebt hatten. Sie waren auch die einzigen, die die Indianer gut kannten, mit ihnen gut auskamen und nicht selten auch eine ihrer Frauen heirateten.

Goldrausch

In Nordamerika hat es in der zweiten Hälfte des 19. Jahrhunderts vier große Goldräusche gegeben, die Hunderttausende Menschen aus allen Teilen der Welt anzogen. Der größte von allen noch vor den Funden in Colorado oder am Klondike River und Yukon River in Alaska war der kalifornische Goldrausch, 1848 per Zufall ausgelöst von einem Farmarbeiter. Dieser Mann hatte beim Bau eines Sägewerks auf der Farm des schweizerischen Auswanderers Johann »John« Sutter ein dickes, glänzendes Gold-Nugget zwischen den braunen Erdkrumen auf seiner Schaufel gefunden. Da der Fund sich nicht lange geheim halten ließ, strömten schon nach kurzer Zeit Zehntausende »Digger« (Goldgräber) zu Sutters Farm am Sacramento River. Zwei Jahre später war aus der Goldgräbersiedlung um Sutters Farm die Stadt Sacramento geworden. Schon wenig später wurde Kalifornien (Hauptstadt: Sacramento) als 31. Staat in die Vereinigten Staaten von Amerika aufgenommen. Obwohl Johann Sutter die gesamten Länderein, aus deren Erde jeder Digger pro Tag bis zu 30 Gramm Gold schürfte, ganz offiziell gehörten, konnte er seine Ansprüche gegen die heranstürmenden Menschenmassen nicht durchsetzen. Er starb Jahre später völlig verarmt.

Cowboys

Der Job des Cowboys (englisch für Kuhhirte, wörtlich: Kuhjunge) war noch gefährlicher als der des Trappers: Er musste auf riesige Rinderherden aufpassen, die in der Nähe von größeren Siedlungen oder Farmen gehalten wurden. Die Weideplätze mussten ständig gewechselt werden, was nicht selten drei Monate Vieh-Treck bedeutete. Der Job war außerdem ziemlich gefährlich: Wer vom Pferd fiel, riskierte, von den Rindern zu Tode getrampelt zu werden. Außerhalb der Herde machten den Cowboys Viehdiebe, Weidekriege und korrupte Landbesitzer, die Wegzölle zu erpressen versuchten, das Leben schwer. Cowboys waren daher rauhe Sitten gewöhnt, und nicht selten merkte man ihnen das auch an. Zum Bild vom Cowboy als Revolverhelden trugen vor allem legendäre Bankräuber wie Butch Cassidy und Sundance Kid oder Viehdiebe wie Henry McCarty, besser bekannt als Billy the Kid (sein Rufname war Bill), bei, der Dutzende Menschen erschossen haben soll. Er selbst starb durch die Kugeln seines einst besten Freundes, der inzwischen Sheriff geworden war, und wurde nur 21 Jahre alt.

Indianer

Erzählungen über Begegnungen zwischen Weißen und Indianern sind mit so vielen Heldentaten gewürzt, dass man leicht glauben könnte, hier seien sich gleichwertige Gegner gegenübergestanden. Die Geschichte der Indianer aber ist in Wahrheit von Anfang an vor allem die einer gnadenlosen Unterdrückung, bei der die Nomaden, die bis auf wenige Ausnahmen in Zelten lebten, allein wegen der zahlenmäßigen Überlegenheit der weißen Siedler nie eine Chance hatten. Dabei war das Recht von Anfang an aufseiten der Indianer. Ihre Vorfahren waren nämlich schon vor 20.000 Jahren von Asien nach Amerika eingewandert, als die Meerenge zwischen Sibirien und Alaska noch zu Fuß passierbar war, da der Meeresspiegel wegen der Eiszeit damals viel tiefer lag. Als plötzlich weiße Siedler aus dem Nichts auftauchten und ihre Lebensräume besetzten, kam es schnell zum Streit. Wo Tausch oder Verträge nicht die gewünschten Ergebnisse brachten, vertrieben die Siedler die Indianer meist mit Gewalt. Hemmungsloses Überjagen der Büffelherden – der bislang wichtigsten Nahrungsquelle der Indianer – sowie eingeschleppte Krankheiten aus Europa taten ihr Übriges, um die Indianer an den Rand der Ausrottung zu bringen.

Die Schlacht am Little Bighorn River

Es gibt nur wenige größere Siege von Indianern gegen die Weißen. Der berühmteste und zugleich einer der letzten Siege ist jener, den der Sioux-Häuptling *Sitting Bull* (»Sitzender Bulle«) mit mehreren Indianerstämmen am 25. Juni 1876 am Little Bighorn River über die US-Armee errang. Anlass für das Gemetzel im heutigen US-Bundesstaat Montana waren Goldvorkommen in einem Gebiet namens Black Hill gewesen, das offiziell den Sioux gehörte. Die Vorkommen waren zwei Jahre zuvor während einer Militärexpedition unter Leitung eines US-Armee-Generals namens George Alexander Custer entdeckt worden, einem Sohn deutscher Einwanderer. Die Expedition war verboten, da es geltende Verträge gab, die es den Weißen nicht erlaubten, das Gebiet zu betreten. Als der Versuch der Regierung misslang, das Gebiet von den Sioux zu kaufen, entsandte die US-Armee Truppen, um Black Hill den Indianern gewaltsam zu entreißen. Obwohl die Truppen strikten Befehl hatten, die Indianer nicht anzugreifen, konnte einer der Truppenführer mit seiner 250 Mann starken Abteilung nicht widerstehen: General George Alexander Custer. Obwohl seine indianischen Scouts ihm von einem Angriff auf einen Feind abrieten, der zahlenmäßig hoch überlegen zu sein schien, ließ sich Custer nicht von der Idee abbringen, die Übermacht allein besiegen zu können, denn er glaubte, dass es schwieriger sei, die Indianer zu finden, als sie zu bekämpfen. Es sollte einer der blutigsten Irrtümer der damaligen Armee werden, denn Sitting Bull und seine Krieger töteten alle 250 Soldaten samt General Custer.

Indianer heute

War die Zahl der Indianer vor 150 Jahren bis auf 250.000 in Nordamerika gesunken, sind es heute wieder 4 Millionen, 2,5 Millionen davon in den USA. Sie haben Indianer-Organisationen gegründet, die ihre Interessen vertreten, und mittlerweile gibt es viele bestausgebildete Rechtsanwälte und Wissenschaftler unter ihnen, die für eine Stärkung der Rechte der Indianer wertvolle Arbeit leisten.

In den Reservaten, wo nach wie vor ein großer Teil von ihnen lebt, gelten inzwischen ihre eigenen Stammesgesetze. Eine wichtige Einnahmequelle sind neben Tourismus und Kunsthandwerk vor allem riesige Spielcasinos, die oftmals in reizvoller Landschaft stehen. Allein in den USA betreiben 200 von 500 anerkannten Indianerstämmen mit großem Erfolg derartige Casinos samt Hotels, Freizeitparks und Einkaufszentren. In den Städten aber, in denen heute inzwischen mehr als 80 Prozent der Indianer leben (allein in New York sind es knapp 90 000), zählen sie oft noch immer zu den ärmsten Schichten.

ENTDECKER UND ENTDECKUNGEN

DIE GRÖSSTEN ENTDECKER UND ABENTEURER

Leif Eriksson (um 970 n. Chr.)

Der Sohn des Grönland-Entdeckers Erik der Rote war der erste Europäer, der ein halbes Jahrtausend vor Christoph Kolumbus um das Jahr 1000 Amerika betrat (Neufundland und Labrador). Die Wikinger zogen sich aber nach einer kurzen Siedlungszeit wieder Richtung Europa zurück, das neue Land geriet in Vergessenheit.

Marco Polo (1254–1324)

Der Italiener gilt als der bedeutendste Asienforscher des Mittelalters. Seine Berichte über die Schätze des Orients und Expeditionen nach Persien, China und Indien brachten ihm den Ruf als »Vater der Entdeckungsreisen« ein.

Christoph Kolumbus (1451–1506)

Italienischer Seefahrer aus Genua, der für die spanische Krone einen westlichen Seeweg nach Indien erkundet und dabei im Jahr 1492 zufällig Amerika entdeckt. Auf der ersten Fahrt mit den Karavellen *Santa Maria, Pinta* und *Niña* landet er mit 88 Mann Besatzung zuerst auf den Inseln Guanahani (später San Salvador), Kuba und Haiti. Weil Kolumbus bis zu seinem Tode annimmt, einen westlichen Weg nach Indien gefunden zu haben, nennt er die karibischen Inseln »Westindische Inseln«.

Amerigo Vespucci (1451–1512)

Italienischer Seefahrer in spanischen und portugiesischen Diensten. Unternimmt zwischen 1499 und 1502 Entdeckungsreisen an die brasilianische Küste – und erkennt im Gegensatz zu Kolumbus, dass dies nicht Westindien ist, sondern ein neuer Kontinent. Der Erste, der die Bedeutung dieser Erkenntnis anerkannte, war der deutsche Kosmograph Matthias Ringmann. 1507 beauftragte er den deutschen Kartographen Martin Waldseemüller, die erste Weltkarte anzufertigen, auf der der neue Kontinent Vespucci zu Ehren *America* genannt wird.

Vasco da Gama (1460–1524)

Portugiesischer Seefahrer, erreichte als 1498 als Erster Indien auf dem Seeweg um Kap Hoorn (Südafrika) herum.

James Cook (1728–1779)

Dreifacher britischer Weltumsegler, gilt als letzter großer maritimer Entdecker. Er fand heraus, dass Neuseeland aus zwei Inseln besteht, und widerlegte die Existenz eines großen, sagenhaften Südkontinents.

Alexander von Humboldt (1769–1859)

Deutscher Naturforscher und Geograph. Er wurde berühmt durch seine ausgedehnten Reisen durch Mittel- und Südamerika. Gilt als der erste Landschaftsforscher, der sich der Beziehung der Lebewesen zur Umwelt (Ökologie) widmete. Gründer der Pflanzengeographie. Oft auch

»Der zweite Kolumbus« genannt. Verfasste das umfangreichste Reisewerk aller Zeiten (»Reisen in die Äquinoktial-Gegenden des Neuen Kontinents«).

David Livingstone (1813–1873)

Schottischer Forschungsreisender. Ging zunächst als Missionar nach Afrika und unternahm später ausgedehnte Expeditionen durch Mittel- und Ostafrika. Entdeckte auf der Suche nach der Nilquelle zahlreiche Seen und spektakuläre Wasserfälle, darunter die Victoriafälle.

Roald Amundsen (1872–1928)

Der Norweger erreichte am 4. Dezember 1911 mit seiner Expedition per Hundeschlitten als erster Mensch den Südpol. Er gewann damit einen dramatischen Wettlauf gegen den Engländer Robert Falcon Scott, der den Südpol erst vier Wochen später erreichte und auf dem Rückmarsch mit seinen Begleitern ums Leben kam.

Sven Hedin (1865–1952)

Schwedischer Asienforscher. Veröffentlichte seine Reiseschilderungen in 50 Bänden. Hedin gilt als letzter großer Landreisender der Entdeckungsgeschichte. Schrieb auch volkstümliche Reisebücher.

VERSUNKENE STÄDTE

Pompeji

Die Stadt, die nur 10 Kilometer südlich vom Vesuv liegt, wurde 79 n. Chr. bei zwei kurz aufeinanderfolgenden Ausbrüchen von einer fast zehn Meter hohen Schicht aus Bimsstein, Vulkanasche, Schlamm und Lava begraben. Etwa 3.000 von 12.000 Einwohnern hatten keine Zeit mehr zum Fliehen. Bei den Ausgrabungen, die erst 1700 Jahre später begannen und noch immer nicht beendet sind, stießen die Archäologen auf durch Schlamm mumifizierte Leichen. In den heißen Ascheschichten hinterließen die Körper Hohlräume, die vor dem Freilegen mit Gips ausgegossen wurden. Pompeij gilt heute als archäologischer Glücksfall, da keine andere Stadt jener Epoche so perfekt konserviert wurde.

Troja

Stadt aus der Bronzezeit (gehört heute zur Türkei), 3000 v. Chr. in der nordöstlichen Ägäis am Eingang zur Marmara-Meer-Passage gegründet. Troja gelangte durch die Erhebung von Zöllen für Segelschiffe, die ins Schwarze Meer wollten, zu großem Reichtum. Homer, der erste Dichter der griechischen Antike, machte die Stadt 800 v. Chr. mit seiner Erzählung *Ilias* unsterblich. Sie handelt vom Raub der schönen Griechin Helena durch einen Trojaner, der dem Raub folgenden zehnjährigen Belagerung Trojas durch die Griechen und ihrer siegreichen Kriegslist mit dem berühmten Trojanischen Pferd. Troja wurde 1873 von Heinrich Schliemann, einem deutschen Hobby-Archäologen, wiederentdeckt. Ein Jahr später fand er dort den »Schatz des Priamos«, der aus 8000 Gold- und Silberteilen besteht.

Machu Picchu

Die »Stadt in den Wolken« wurde von den Inkas in den peruanischen Anden erbaut. Sie gilt als architektonisches Meisterstück der letzten großen Indio-Kultur Lateinamerikas, die sich zu ihrer Blütezeit im 15. Jahrhundert an der Westküste Südamerikas von Kolumbien bis Chile und Argentinien erstreckte. Die 216 Häuser und Tempel der Zitadelle, oft umhüllt von dicken Nebelschwaden des andinen Regenwaldes, wurden fugenlos aus großen, oft verwinkelt zugeschnittenen Granitblöcken errichtet. Ein raffiniertes Treppen- und Bewässerungssystem verbindet sie miteinander. An den steilen Bergflanken unterhalb der Stadt wurde auf Terrassen Landwirtschaft betrieben. Die Stadt, mit deren Bau die Inkas Mitte des 15. Jahrhunderts begannen, wurde 100 Jahre später noch vor ihrer Vollendung verlassen, ohne dass die Spanier sie fanden. Der Urwald überwucherte sie völlig, Machu Picchu geriet in Vergessenheit. 1911 wurde sie von Hiram Bingham (USA) wieder entdeckt und freigelegt. Inzwischen gilt als gesichert, dass ein deutscher Goldsucher namens Augusto Berns die Stadt schon 44 Jahre vorher entdeckt und möglicherweise geplündert hat.

Atlantis

Seit der griechische Philosoph Platon 360 vor Christus das sagenhafte Inselreich in zwei Erzählungen erwähnt hat, rätseln die Menschen, ob Atlantis Dichtung oder

Wahrheit ist, denn im Gegensatz zu Troja wurde es bis heute nicht gefunden. Atlantis soll laut Platon, der sich auf Überlieferungen durch ägyptische Priester berief, eine große, fruchtbare Insel reich an kostbaren Bodenschätzen gewesen sein, die »jenseits der Säulen des Herakles« lag, wie man damals die Meerenge von Gibraltar nannte – also im Atlantik. Die Atlanter, deren Hauptstadt und Königspalast angeblich von gewaltigen, metallisch glänzenden Mauerringen umgeben war, sollen hervorragende Seefahrer und erfahrene Krieger gewesen sein. Vor 9000 Jahren sei Atlantis dann im Meer versunken, nachdem seine Bewohner versucht hätten, Athen anzugreifen. Zu jener Zeit, also von heute aus gesehen vor fast 11.500 Jahren, existierte nach bisherigen Erkenntnissen aber weder eine große Insel im Atlantik und schon gar nicht Athen. Archäologen suchen trotzdem weiter nach der sagenhaften, untergegangenen Stadt.

Copán

Die Stadt der Maya liegt in einem mit Urwald bewachsenen Hochtal im heutigen Honduras (Mittelamerika). Von 250 bis 900 n. Chr. lebten dort bis zu 30.000 Menschen. Copán gilt als das einstige geistige Zentrum der alten Indio-Hochkultur, die nach dem 10. Jahrhundert auf bisher ungeklärte Weise unterging. 1839 machten sich zwei Amerikaner auf die Suche nach der versunkenen Stadt, der die spanischen Eroberer und ihre Missionare keine Bedeutung beigemessen hatten, so dass sie in Vergessenheit geriet. Nach wochenlangen Strapazen in dem feuchtheißen, von Moskitos verseuchten Hochtal stießen die beiden Entdecker auf erste Treppenreste der von einem dichten Dschungelteppich überwucherten Stadt. Einer der beiden Entdecker traf kurz darauf auf einen Mann, der sich als Besitzer der Tempelgeländes vorstellte (was stimmte) und die beiden Amerikaner aufforderte, das Gelände zu verlassen. Dem Besitzer wurde vorgeschlagen, den Tempel für 50 Dollar zu verkaufen, worauf der Mann einwilligte und den Kaufvertrag unterschrieb.

DIE LEGENDÄRSTEN SCHÄTZE

Seit die Menschen mit Geld, Kunst und Schmuck handeln, gibt es Schätze, also seit Tausenden von Jahren. Aus Angst vor Verlust wurden eigene oder geraubte Reichtümer oft versteckt oder vergraben. Wenn nur eine Person vom Ort eines Schatzes wusste und diese Person starb, wusste oft niemand mehr, wo der Schatz sich befindet.
Die meisten und größten Gold- und Juwelenschätze, die noch immer auf ihre Wiederentdeckung warten, schlummern am Meeresgrund der Karibik. Sie gingen zwischen dem 16. und 19. Jh. durch Sturm oder Seegefechte verloren, meist ohne einen Hinweis auf ihre ungefähre Lage zu hinterlassen, da alle Zeugen mit dem Schatz untergingen. Allein vor der Küste Kubas liegen noch Tausende spanischer Galeonen, deren Schatzkammern bis zum Rand mit Gold gefüllt sind. Manche Schätze sind vielleicht auch nur eine Legende – und faszinieren die Menschen dennoch seit Ewigkeiten.

Der größte Schatz aller Zeiten

Das Gold des persischen Großkönigs Dareios III. wird seit mehr als 2300 Jahren von Schatzsuchern als größter Schatz aller Zeiten betrachtet. Alexander der Große, der legendäre griechisch-makedonische König, raubte einen Teil des sagenhaften Persergoldes, als er etwa 330 Jahre v. Chr. das Perserreich eroberte. Auf der Flucht vor Alexander trat Dareios den Rückzug an und zog mit seiner Schatzkarawane nach Ekbatana (heute: Hamadan, Iran). Dort vergrub er alles Gold und Silber – und starb wenig später. Mehrere römische Feldherren und Kaiser, darunter auch Cäsar und Nero, suchten vergeblich nach dem Schatz.

Pech hatte 1973 selbst der Schah von Persien. Wie groß der Schatz sein kann, den Dareios vor Alexander dem Großen rettete, wird deutlich durch die Schilderung eines griechischen Geschichtsschreibers: Er soll auf 20.000 Eseln und 3000 Kamelen abtransportiert worden sein.

Nibelungenschatz

Schatzsucher und Forscher jagen dem Goldschatz der Nibelungen seit Jahrhunderten hinterher. Er gilt als der berühmteste Schatz in Deutschland und soll in einem geheimnisvollen Loch irgendwo im Rhein liegen. Erstmals schriftlich wird dieser Goldschatz im Nibelungenlied erwähnt, das von einem unbekannten Autor im 12. Jahrhundert gedichtet wurde und einen wahren historischen Hintergrund hat. Es stützt sich auf mehrere germanische Volkssagen, die auf das 4. Jh. n. Chr. zurückgehen und vom Untergang des ostgermanischen Stammes der Burgunder handeln, der während der großen Völkerwanderung um das Jahr 410 von der Weichsel an den Rhein gezogen und dort von den Hunnen 436 vernichtet worden waren. Im Mittelpunkt der Sage stehen der Recke Siegfried aus Xanten und Hagen von Tronje, Vasall (Knecht) der Burgunderkönige. Siegfried hatte den Schatz dem König Nibelung entrissen, indem er zwölf Riesen, den Zwerg Alberich, der über riesige Kräfte verfügte, sowie einen Drachen besiegt hatte und unverwundbar wurde, als er im Blut des toten Drachen ein Bad nahm. Als Siegfried Kriemhild, eine Schwester der Burgunder-Könige, heiraten will, wird ihm eine Bedingung gestellt: Siegfried soll anstelle des schwächlichen Burgunder-Königs Gunter unter einer Tarnkappe im Kampf die bärenstarke isländische Königin Brunhild besiegen, die Gunter nur heiraten will, wenn dieser sie in einem Kampfspiel besiegt. Als Brunhild von dem Betrug erfährt, lässt sie Siegried hinterrücks durch Hagen von Tronje ermorden, nachdem ihm die arglose Kriemhild verraten hatte, wo Siegfrieds einzige verwundbare Stelle ist – die Schulter, auf die während des Bades im Drachenblut ein Lindenblatt gefallen war. So geht der Schatz an Siegfrieds Witwe Kriemhild über. Hagen, der Schuft, wittert Unheil und kippt den Schatz nahe Worms in ein »Loch« im Rhein. Kriemhild rächt sich, indem sie Hagen und ihre drei Brüder mit Hilfe der Hunnen tötet. Mit ihnen starb das Wissen, wo sich der Schatz der Nibelungen befindet. Da im Rhein bis heute nichts gefunden wurde, vermuten namhafte Forscher und Zeitungen, dass sich das Gold nicht im Fluss, sondern auf einem Acker bei Rheinbach oder in einer Höhle nahe Soest befindet. Falls der Schatz nicht doch nur Legende ist.

Der Goldschatz der San José

Der größte Schatz, auf den es Freibeuter je abgesehen hatten, befand sich auf der *San José*, die im Juni 1708 nach Spanien zurücksegeln sollte: Sie war bis unters Deck mit Gold- und Silbermünzen sowie Smaragden beladen. Obwohl die Engländer sich der manövrierunfähig geschossenen *San José* schon bis auf 60 Meter genähert hatten, bekamen sie den Schatz nie in die Hände, weil kurz vor dem Entern die Pulverkammer der spanischen Galeone explodierte und Schiff, Schatz und 600 Seeleute vor der kolumbischen Küste auf Nimmerwiedersehen im Meer verschwinden ließ.

Das Bernsteinzimmer

Das »Bernsteinzimmer« ist ein komplett mit Bernstein verkleideter Raum gewesen, den der preußische König Friedrich Wilhelm I. dem russischen Zaren Peter dem Großen vor fast 300 Jahren schenkte. Die kostbare Wandvertäfelung aus dem Millionen Jahre alten, fossilen Harz, oft auch als das »8. Weltwunder« bezeichnet, hing im Winterpalais von Sankt Petersburg. Mitten im Zweiten Weltkrieg wurde es 1941 von Truppen der deutschen Wehrmacht, die Teile Russlands besetzt hatten, beschlagnahmt, innerhalb von 36 Stunden demontiert, in 27 Kisten verpackt und ins Deutsche Reich nach Königsberg (damals Ostpreußen, heute Kaliningrad, Russland) transportiert, wo es im Königsberger Schloss wieder ausgestellt wurde. Ob das »Gold des Nordens«, wie man den Bernstein auch nennt, 1944 dann erfolgreich in Sicherheit gebracht wurde oder bei den britischen Luftangriffen oder russischen Bodenangriffen samt Schloss zerstört wurde, ist bis heute unklar. Nach dem Ende des Zweiten Weltkriegs haben zahllose Journalisten, Wissenschaftler, Soldaten und die Stasi (Geheimpolizei) der ehemaligen DDR nach den kostbaren Wandvertäfelungen gesucht. Es gab sogar einen Mann, der sein ganzes Leben der Suche widmete, seine Familie an den Rand des Ruins brachte und sich 1987 geistig verwirrt das Leben nahm. Auch eine Rekonstruktion, die seit 2003 in Sankt Petersburg steht, hat die Jagd nach dem verlorenen Schatz nicht beenden können.

Das Gold der Inka

Es war einer der frechsten und hinterhältigsten Siege, den der spanische Konquistador Francisco Pizarro bei seiner blutigen Eroberung auf dem südamerikanischen Kontinent hinterließ. Als ihn 1532 der Inka-Herrscher Atahualpa in den peruanischen Anden in Cajamarca freundlich empfing und Pizarro sah, dass die 5000 Inka-Krieger unbewaffnet waren, ließ er Atahualpa festnehmen und die Inka-Krieger von seinen 180 mit Gewehren bewaffneten Soldaten niedermetzeln. Unter dem Vorwand der Spanier, Atahualpa freizulassen, wenn er ihnen Gold bringe, ließ Atahualpa in kurzer Zeit aus allen Teilen seines Reiches ein ganzes Zimmer von dem begehrten Edelmetall herantragen – und wurde 1533 von den Spaniern trotzdem mit einer Garrotte (Würgeschraube) getötet. Das Gold war jedoch nur ein winziger Teil des Inka-Schatzes. Es ist belegt, dass ein Inka-Fürst gesagt hatte, die Menge, die die Spanier geraubt hätten, entspräche im Verhältnis zum Inka-Schatz »einem Tropfen Wasser in einem Brunnen«. Das Gold wurde nie gefunden.

Die Schatzinsel

Der schottische Schriftsteller Robert Louis Stevenson hat vor etwas mehr als 100 Jahren einen Roman mit diesem Namen geschrieben, der ihn weltberühmt machte. Nicht ganz so bekannt ist, dass Stevenson sich dabei von einem Schatz inspirieren ließ, der zu den größten gehören könnte, die je versteckt worden sind: der spätere »Kirchenschatz von Lima«. Die spanischen Verwalter der peruanischen Hauptstadt wollten ihn Anfang des 19. Jh. vor dem südamerikanischen Freiheitskämpfer Simón Bolívar in Sicherheit bringen, der sich anschickte, auch Peru von der spanischen Kolonialherrschaft zu befreien. Eine Flotte sollte den Schatz nach Spanien fahren, wo er aber nie ankam. Die Mannschaft meuterte, soll das Schiff unter ihre

Kontrolle gebracht und den Schatz auf der Cocos-Insel vergraben haben, einer kleinen Pazifik-Insel 500 Kilometer östlich von Costa Rica. Zu den wertvollsten Schmuckstücken zählen eine lebensgroße Madonna-Statue aus purem Gold, hühnereigroße Smaragde und zahllose Edelsteine, deren Wert Fachleute heute auf bis zu 15 Milliarden Euro schätzen. Die Insel, die nicht mal ein Viertel der Größe Sylts hat, wurde von Schatzsuchern perforiert wie ein Schweizer Käse. Vom Schatz aber fehlt jede Spur.

REKORDE
DER MENSCHHEIT

DIE GRÖSSTEN BAUWERKE

Der höchste Wolkenkratzer

Burji Dubai, der Turm von Dubai, ist seit Juli 2008, als er die Bauhöhe von 675,3 Meter überschritt, das höchste Gebäude der Welt. Wenn er fertig ist, soll er rund 820 Meter hoch sein und 200 Stockwerke sowie 54 Aufzüge besitzen. Der Rekordhalter der Zukunft soll ebenfalls in Dubai stehen: Der *Michael Schumacher World Championship Tower* klingt wie ein Witz, wurde als Modell aber schon vorgestellt, soll über 1.000 Meter hoch werden und einen Hotel-Garten erhalten, der größer als der Central Park von New York ist.
Zum Vergleich: Das höchste Hochhaus Deutschlands, der *Commerzbank-Tower* in Frankfurt/Main, misst 300 Meter.

Das größte Gebäude

Der Rekordhalter ist nur ein Teil des Pekinger Flughafens: das Terminal 3, das 2008 eröffnet und vom britischen Star-Architekten Sir Norman Foster entworfen wurde. Die Grundfläche beträgt 1,3 Millionen Quadratmeter, was immerhin 3.325 Fußballfeldern entspricht. Mit einer Länge von 3.250 Metern ist es auch das längste Gebäude der Welt.

Der höchste Kirchturm

Ulmer Münster. Mit 161,53 Meter ist diese gotische Kirche noch vier Meter höher als der Kölner Dom – und damit auch die höchste Kirche der Welt. Der Bau wurde 1477 begonnen und 1890 beendet.

Der höchste frei stehende Turm

CN-Tower (Baujahr 1976), 553 Meter.

Der schiefste Turm

Er steht nicht im italienischen Pisa, sondern in Suurhausen, Ostfriesland. Die Neigung des 1450 gebauten, 27 Meter hohen Turmes beträgt mehr als 5 Grad, was ein halbes Grad schiefer ist als beim Turm von Pisa.

Der größte Flughafen

King Fahd International Airport, Saudi-Arabien. Er erstreckt sich mit Gebäuden, Start- und Landebahnen über eine Fläche von 780 Quadratkilometern, womit er größer als der Stadtstaat Hamburg (755 km^2) ist.

Die längsten Brücken

Balkenbrücken
Bang Na Expressway, Thailand. Die Balkenbrücke, die als Hochstraße genutzt wird, ist 54 Kilometer lang und führt aus Bangkok hinaus.

Seebrücken
Hangzhou Bay Bridge, China, 36 Kilometer. Verbindet die Städte Shanghai und Ningbo.

Der längste Tunnel

Seikan-Tunnel, Japan. Über eine Strecke von knapp 54 Kilometern verbindet er seit 1988 die beiden Inseln Hokkaido und Honshu per Eisenbahn miteinander. 23 Kilometer verlaufen unter dem Meer.
Im Bau befindet sich in der Schweiz der *Gotthard-Basistunnel* (ebenfalls Eisenbahntunnel), der 2016 fertig sein soll und mit 57 Kilometer den *Seikan-Tunnel* auf Platz 2 verweisen wird.

Der größte Staudamm

Dreischluchtendamm, China. 2,34 Kilometer lang und 185 Meter hoch, staut er seit 2006 den längsten Fluss Chinas, den Jangtse (6.380 km), und zwar auf einer Strecke von 660 Kilometern und bis zu einer Tiefe von 180 Metern. 1,3 Millionen Menschen mussten umgesiedelt werden. Das Projekt ist wegen befürchteter Umweltschäden und des hohen Erdbebenrisikos in dieser Region heftig umstritten.

DIE GRÖSSTEN UNGLÜCKE

Tschernobyl

Seit dem 26. April 1986 steht der Name dieses ukrainischen Atomkraftwerks als Synonym für den schwersten technischen Unfall in der Geschichte der Menschheit. Ursache war ein Sicherheitstest in einem Reaktorblock, der außer Kontrolle geriet. Dabei schmolz der hochradioaktive Brennkern, der Reaktorblock explodierte und geriet in Brand. Mit dem Feuer, das erst nach Tagen gelöscht werden konnte, gelangten große Mengen tödlicher radioaktiver Stoffe in die Atmosphäre, die mit dem Wind über große Teile Europas verteilt wurden. Auch in Deutschland wurden lange Zeit erhöhte Strahlenwerte gemessen. Genaue Opferzahlen, die tödliche Folgeschäden wie Krebs durch die radioaktive Verstrahlung einschließen, sind schwer zu ermitteln. Die Schätzungen liegen zwischen 1.000 und 100.000 Todesopfern. Der schadhafte Reaktor wurde in einen dicken Betonsarkophag eingemauert.

Der Untergang der Dona Paz

Die philippinische Fähre *Dona Paz* stößt am 20. Dezember 1987 auf dem Weg von der philippinischen Insel Leyte des Visaya-Archipels nach Manila mit einem Frachter zusammen. 4.317 Menschen sterben bei dem größten Schiffsunglück zu Friedenszeiten.

Der Crash von Teneriffa

Am 27. März 1977 ereignet sich auf der Kanaren-Insel Teneriffa das bislang schwerste Unglück der zivilen Luftfahrt: Bei Nebel stoßen auf der Rollbahn des Los-Rodeos-Flughafens zwei Boeing 747 zusammen. 583 Menschen sterben.

Weihnachts-Tsunami 2004

Der Tsunami, der am 26. Dezember 2004 durch ein Seebeben vor Sumatra ausgelöst wird und etwa 230.000 Menschenleben fordert, ist auch für das größte Zugunglück verantwortlich. An der Küste von Sri Lanka erfasst die Tsunami-Welle, die dort zehn Meter hoch gewesen sein soll, einen mit 2.000 Personen besetzten Expresszug und wirft ihn aus den Schienen. 1.800 Menschen sterben.

Tödliche Pilger-Panik

Bei einer Wallfahrt mit mehreren Tausend Pilgern am 31. August 2005 in der irakischen Hauptstadt Bagdad löst ein Gerücht über einen bevorstehenden Terroranschlag eine Massenpanik aus. Mehr als 1.000 Menschen werden zu Tode gequetscht.

Das Seilbahn-Unglück von Kaprun

155 Skiurlauber kommen bei einem Brand der Kapruner Gletscherbahn ums Leben. Auslöser des Feuers, das den 30 Meter langen Zug in dem 3.300 Meter langen Tunnel völlig zerstörte, soll eine defekte Hydraulikleitung gewesen sein, deren Öl sich an einem Heizlüfter entzündete.

100-Meter-Welle in Italiens Alpen

Am 9. Oktober 1963 kommt es in der italienischen Alpenprovinz Belluno (Region Venedig) zu einem folgenschweren Bergsturz. Vom Monte Toc sackt auf einer Länge von 2 Kilometern ein Teil des Berges in den direkt darunterliegenden Stausee von Vajont. Der Bergsturz verursacht in wenigen Sekunden eine gigantische, bis zu 100 Meter hohe Riesenwelle, die über die 261 Meter hohe Staumauer schwappt, die dahinter steil abfallende Schlucht hinabtost und den 1,5 Kilometer in Sichtweite entfernt liegenden Ort Longarone völlig zerstört. Die Einwohner hatten jahrelang gegen den Staudamm protestiert. 2.000 Menschen sterben.

Tunnel-Inferno unter dem Montblanc

Eine weggeworfene Zigarette, die sich im Luftfilter eines Lastwagens verfing, ist möglicherweise Auslöser der schlimmsten Tunnel-Katastrophe, die sich am 24. März 1999 in dem 11,6 Kilometer langen Tunnel unter dem 4.807 Meter hohen Massiv des Montblanc ereignete. Der Lastwagen, der Margarine geladen hatte, fing Feuer, das fatalerweise durch die verstärkte Tunnelbelüftung geschürt wurde. 39 Menschen ersticken.

Der Theaterbrand von Chicago

Am 30. Dezember 1903 bricht im vollbesetzten Iroquois-Theater der Hauptstadt des US-Bundesstaates Illinois, Chicago, ein Brand aus. Mehr als 600 Menschen sterben in den Flammen.

Die Stadion-Katastrophe von Hongkong

600 Menschen kommen ums Leben, als am 26. Februar 1918 im Jockey Club von Hongkong, das damals unter englischer Verwaltung stand, eine Tribüne zusammenbricht. Dies ist die höchste Opferzahl, die je bei einer Sportveranstaltung zu beklagen war.

TECHNISCHE REKORDE

Die größten Flugzeuge

Frachtflugzeuge
Die russische *Antonov 225 Mriya* (Baujahr 1988), Länge 84 m, Flügelspannweite 88,4 m. Verfügt über sechs Triebwerke, auf jeder Seite acht Doppelräder und kann bis zu 250 Tonnen Nutzlast befördern (ca. 250 Autos).

Passagierflugzeuge
Der französische *Airbus A 380* (Baujahr 2005), Länge 79,8 m, Spannweite 73 m, Rumpfhöhe 8,40 m, bis zu 853 Passagiere.

Die längsten Schiffe

Frachter
Nock Nevis (Baujahr 1976), 458 m lang, 68 m breit, hat Platz für 650 Millionen Tonnen Rohöl.

Passagierschiffe
Queen Mary (Baujahr 2003), 345 m lang. Bietet knapp 4.000 Personen (inklusive 1.250 Mann Besatzung) luxuriös viel Platz. Von vier Motoren mit 157.000 PS angetrieben. Verlegt wurden 2.500 km Kabel, 500 km Rohrleitungen, 80.000 Beleuchtungen, 8.800 Lautsprecher und 3.000 Telefone. Zur Ausstattung gehören 5 Swimmingpools, Golfplatz, Tennisplatz, Brauerei, Weinkeller (350 Sorten, 45.000 Flaschen), 9 Restaurants, Planetarium, die größte Bibliothek auf See, Wintergarten, der größte Ballsaal auf See, Theater (1.200 Plätze) und eine Leichenhalle, wo

vermutlich jene Passagiere aufgebahrt werden, denen bei diesem Überfluss das Herz stehenbleibt.

Kriegsschiffe
USS Enterprise (Baujahr 1961), Länge 342 m. Es ist das erste Kriegsschiff mit einem Kernenergieantrieb. Nimmt 110 Flugzeuge und 5.800 Personen auf.

Die schnellsten Autos

Spezialautos
Der britische Militärpilot Andy Green stellte im Oktober 1997 in der Wüste von Nevada, USA, mit dem *Thrust SCC* den Geschwindigkeitsweltrekord von 1.228 km/h auf. Das Auto gleicht eher einem Flugzeug auf Rädern und wird von zwei Rolls-Royce-Flugzeugturbinen angetrieben, die eine Stärke von 100.000 PS haben.

Straßenauto
Seit 2007 hält den Rekord der *SSC Ultimate Aereo TT* aus der legendären italienischen Fahrzeugschmiede *Bugatti*. Der *Bugatti Aereo*, wie der Wagen genannt wird, hat 1.183 PS und erreicht auf der Straße gemessene 411 km/h.

Die schnellsten Züge

Bei den Schienenfahrzeugen haben die Franzosen die Nase vorn: Der *TGV* erreichte 2007 auf der Hochgeschwindigkeitsstrecke zwischen Paris und Straßburg 574,8 km/h. Damit ist er fast so schnell wie die japanische Magnetschwebebahn *Maglev*, die im Jahr 2003 581 km/h erreichte.
Die Geschwindigkeitsrekorde mit deutschen Zügen hal-

ten auf der Schiene der *ICE* mit 393 km/h, bei der Magnetschwebebahn der *Transrapid mit* 501 km/h (aufgestellt in Japan).

Die längste Seilbahn

Sie heißt Norsjö und liegt in im südlichen Lappland, Schweden. Ihre 28 beheizten Kabinen mit Restauranttischen gondeln in zwei Stunden 13,6 Kilometer gemütlich über Moore, Seen, Wälder und die geweihbesetzten Köpfe von Elchen hinweg. War sogar mal 96 Kilometer lang und mit Förderkörben behangen, als die Anlage noch zu einer Goldmine gehörte.

Der tiefste Tauchgang mit einem U-Boot

Jacques Picard (Schweiz) und Don Walsh (USA) tauchten mit dem Tiefsee-U-Boot *Trieste* am 23. Januar 1960 im tiefsten Meeresgebiet der Erde, dem Marianengraben, bis 10.910 Meter hinunter.

ALL DAS WISSEN, DAS JUNGS NOCH INTERESSIERT

KURZE FRAGEN, KURZE ANTWORTEN

Welches ist das meistgelesene Buch aller Zeiten?
Die Bibel.

Warum ist Meerwasser salzig?
Der Regen, der sich in Flüssen sammelt und ins Meer ergießt, löst auf diesem Weg vor allem zwei Stoffe aus dem Gestein: Salz und Kalk. Auch bei der Berührung von Wasser und Lava, die oft und an vielen Stellen auf dem Meeresgrund austritt, wird Salz aus der Lava gelöst.

Wann kann man riskieren, während eines Fußballspiels Chips- und Brausenachschub zu holen, ohne ein Tor zu verpassen?
Von der 1. bis 5. Minute, der 31. bis 40. Minute und der 45. bis 50. Minute. In diesen Spielabschnitten fallen die wenigsten Tore, haben fußballkundige Zahlenkünstler ausgerechnet.

Warum sind normale Klos auf Raumschiffen ein Problem?
Weil wegen der fehlenden Schwerkraft nichts nach unten fällt. Damit die Fäkalien nicht durchs Raumschiff wabbeln, müssen sie direkt unterm Po abgesaugt werden. Zudem müssen sich die Astronauten auf dem Örtchen anschnallen, damit sie beim Pinkeln nicht wegfliegen.

Stimmt es, dass Kühe den Treibhauseffekt vorantreiben?
Das stimmt. Eine Kuh rülpst und furzt pro Tag im Durchschnitt mehr als 200 Liter Methan in die Atmosphäre. Das Gas entsteht durch Gärprozesse im Magen der Kuh. Methan ist 23-mal schädlicher als Kohlendioxid, der Hauptverursacher des Treibhauseffekts. Es gibt Länder, in denen die Kühe zu den größten Schadstoffverursachern zählen.

Woraus besteht der Mensch?
Wasser: 60 Prozent; Proteine (Eiweiße): 20 Prozent; Fette: 15 Prozent; mineralische und anorganische Stoffe: 5 Prozent. Nach Molekülen sortiert wären dies: 65 Prozent Sauerstoff, 18 Prozent Kohlenstoff, 10 Prozent Wasserstoff, 3 Prozent Stickstoff, 1,5 Prozent Calcium, 1 Prozent Phosphor und ein bisschen Schwermetall (Blei, Cadmium, Chrom, Eisen, Kupfer und Zink).

Woraus bestehen Diamanten?
Aus dem gleichen chemischen Element, das in Kohle, Erdöl und als Grundbaustein in allen Lebewesen vorkommt: Kohlenstoff, und zwar in reinster Form. Diamanten sind härter als jedes andere Material und entstehen tief im Innern der Erde bei extrem hohem Druck und extremer Wärme. Man kann sie auch künstlich herstellen.

Könnten Astronauten für einen kurzen Augenblick ohne Anzug im All sein und sich unterhalten?
Nein. Wegen des hohen Unterdrucks würde der Körper sofort platzen. Auch eine Unterhaltung ohne elektrische Geräte ist nicht möglich, weil Töne nichts weiter als Druckwellen komprimierter (zusammengepresster) Luft sind. Und wo es keine Luft gibt, gibt's auch keinen Ton.

Wie kommen die Löcher in den Hartkäse?
Sie werden von Bakterien und Säuerungsmitteln produziert. Beide werden in die Milch gegeben, die sie durch Gärung (Stoffwechselprozess) zu Käse machen. Bei der Gärung entstehen größere Gasbläschen aus Kohlensäure, die in der Käsemasse eingeschlossen bleiben und im hart gewordenen Laib als Löcher erscheinen.

Welches Tier beerdigt seine Verstorbenen?
Der Dachs. Er ist so sauber, dass er morgens sogar sein Bett lüftet, indem er Moos und Heu, auf denen er schläft, vor seinen Bau trägt. Das Klo baut er am entferntesten Punkt seiner Reviergrenze. Stirbt ein Dachs im Bau, verscharren ihn seine Artgenossen in einem ungenutzten Gang.

Worin unterscheiden sich Eisen und Stahl?
Stahl ist veredeltes Eisen. Eisen wird aus Eisenerz gewonnen, eine Mischung aus Eisen, Gestein und gebundenem Sauerstoff. Mit Koks und Kalkstein wird das Eisen im Hochofen herausgeschmolzen. Dieses Roheisen enthält Kohlenstoff, der es brüchig macht. Durch Einblasen von reinem Sauerstoff in flüssiges Roheisen wird der Kohlenstoff zu gasförmigem Kohlendioxid, das abzieht und extrem harten, rostfreien Stahl hinterlässt.

Wem verdanken die Indianer in Amerika ihren Namen?
Christoph Kolumbus. Als er 1492 zufällig Amerika entdeckte, glaubte er, Indien vor sich zu haben, das er auf einem neuen, von Europa aus westlich gelegenen Seeweg erreichen wollte. Deshalb nannte er die Ureinwohner Inder, woraus dann die Bezeichnung Indianer wurde.

Wem verdankt Amerika seinen Namen?
Dem venezianischen Seefahrer Amerigo Vespucci und dem deutschen Kosmographen Matthias Ringmann (siehe auch *Die größten Entdecker*).

Warum wedeln Hunde mit dem Schwanz?
Hunde haben am Hinterteil Duftdrüsen. Wenn sie einen Freund begrüßen wollen, werden die Duftsekrete ausgeschieden und mit dem Schwanz in die Luft gefächert. Der

Mensch riecht das natürlich nicht, weiß aber aus Erfahrung, dass Hunde (meistens) freundlich gesinnt sind, wenn sie mit dem Schwanz wedeln.

Was ist das Abendland?
Einst war damit Europa gemeint – jener der Sonne bei ihrem Untergang am nächsten gelegene Erdteil. Das Gegenteil war das Morgenland (auch: Orient, vom lateinischen Wort für *aufgehen*), womit die Länder östlich von Europa gemeint waren und wo, von Europa aus gesehen, die Sonne morgens zuerst aufgeht. Heute steht »Abendland« (auch: Okzident, von lat. *untergehen*) allgemein für den westlichen Kulturkreis.

Schlafen Fische – und wenn ja, wie?
Fische schlafen jede Nacht für ein paar Stunden. Sie lassen sich mit offenen Augen im Wasser gerade oder schräg treiben. Oder sinken in flachen Gebieten auf den Grund, wo sie – Maul unten, Flosse oben – wie Wasserlilien hin und her tänzeln.

Wo schlummert der größte Goldschatz der Welt?
Im Meer. Wissenschaftler sagen, es seien mehr als 10 Milliarden Tonnen, weit mehr als alles über und unter der Erde vorhandene Gold. Der Haken: Es sind so winzige Teilchen (ein unsichtbares Staubkörnchen pro 1.000 Liter Wasser), dass die Ausbeute sich nicht lohnte, ganz gleich, mit welcher Technik man diesen Schatz heben wollte.

Woher kommt die Geschwindigkeitsbezeichnung »Knoten« für Schiffe?
Die Seefahrer ermittelten früher das Schiffstempo, indem sie eine Leine mit einem bremsenden Holzschwimmer ins

Wasser ließen. In die Leine war alle sieben Meter ein Knoten geknüpft. Mit einer Sanduhr zählten sie die Anzahl der Knoten, die in 14 Sekunden ins Wasser glitten. Eine Strecke von zwei Knoten in 14 Sekunden entsprach einer Geschwindigkeit von zwei Seemeilen pro Stunde (1 Seemeile = 1,852 Kilometer). Über die Anzahl der Knoten ließ sich so leicht die Geschwindigkeit ausrechnen.

Woran erkennt man von außen, ob ein Hühnerei gekocht ist?
Gekochte drehen sich gleichmäßig um ihre Achse, rohe schlingern (Eiklar und Dotter erzeugen eine Unwucht, weil sie sich langsamer drehen als die Eischale).

Warum fallen Vögel beim Schlafen nicht von Bäumen?
Sobald die Vögel einschlafen, sorgt ein automatischer Muskelreflex dafür, dass sich die Krallen fest um den Ast schließen und die Beine nicht einknicken.

Warum ist der Himmel blau?
Weil Licht (wie das der Sonne) aus mehreren Farben besteht, Blau aber die einzige ist, die von der Atmosphäre nicht sofort durchgelassen, sondern stark in alle Richtungen gestreut und so verstärkt wird.

In welcher Region leben die meisten Tier- und Pflanzenarten?
Die Artenvielfalt (Biodiversität) ist im Regenwald am höchsten: Rund 90 Prozent aller auf der Erde lebenden Pflanzen- und Tierarten sind hier zu finden.

Welche Pflanze wächst am schnellsten?
Der Bambus. Unter idealen Bedingungen wachsen einige Arten mehr als einen Meter pro Tag. Das wären pro

Stunde mehr als 4 Zentimeter oder fast 1 Millimeter pro Minute.

Welche Funktion hat das Loch auf dem Kopf eines Wals?
Wale sind – wie Delphine und Orcas – Säugetiere, die ihre Jungen lebend zur Welt bringen und säugen. Wie alle Säugetiere haben sie eine Lunge (Fische holen sich den Sauerstoff über ihre Kiemen) und müssen zum Luftholen an die Wasseroberfläche. Sie atmen durch dieses Loch auf ihrem Schädel.

Welches Tier stirbt bei Verlust der Zähne?
Die Giftschlange. Das Gift, das sie über ihre Zähne injiziert, lähmt oder tötet das Opfer nicht nur, sondern soll auch Organe und Fleisch zersetzen. Sonst bräuchte sie zum Verdauen der hinuntergewürgten Opfer viel mehr Zeit, was zu tödlichen Verdauungsstörungen führen würde.

ZEHN BÜCHER, DIE JEDER JUNGE LESEN SOLLTE

1. *Oliver Twist* (Mark Twain)
   Abenteuer zwischen Leichenbestatter und Taschendieben
2. *Das fliegende Klassenzimmer* (Erich Kästner)
   Mix aus Schulkeilereien, tollen Paukern und echten Freunden
3. *Krabat* (Otfried Preußler)
   Grusel-Geschichte eines Zauberlehrlings zur Zeit des Nordischen Krieges
4. *Karlsson vom Dach* (Astrid Lindgren)
   Familiengeschichte mit frechem, fliegendem Freund, zum Totlachen
5. *Winnetou* I–III (Karl May)
   Die schönsten Wildwest-Geschichten von einem Sachsen, der nie in den USA war
6. *Fünf Freunde* (Enid Blyton)
   Fesselnde Abenteuer in fünf Bänden, die jeder gerne selber erleben würde
7. *Reise um die Erde in 80 Tagen* (Jules Verne)
   Eine wahnsinnige Wette des britischen Gentleman Phileas Fogg
8. *Vater und Sohn* (Erich Ohser)
   Die schönsten Bildergeschichten aus der Welt der Väter und Söhne
9. *Jim Knopf und Lukas, der Lokomotivführer* (Michael Ende)
   Genauso gut wie *Jim Knopf und die Wilde 13*
10. *Grimms Märchen* (Gebrüder Grimm)
    Die schönsten Märchen vom Froschkönig bis zu Rotkäppchen

DIE WICHTIGSTEN FABELWESEN

Drache

In der griechischen Mythologie werden Drachen von Göttern wie Zeus, Apoll, Marduk oder Indra bekämpft, die aus einem toten Drachen die Welt erschaffen. Nordischen Völkern gilt der Drache – oft auch als Lindwurm dargestellt – als Windgeist und Hüter von Schätzen. In Europa und dem westlichen Asien verkörpert er das Böse, den Teufel. Nur in Ostasien gilt er als Glücksbringer.

Einhorn

In frühchristlicher Zeit stand das Einhorn für gewaltige Kraft. Im Alten Testament ist es auf Christus bezogen. Es gilt als das edelste aller Fabeltiere und steht für das Gute. Viele Legenden schreiben ihm zu, dass es Tote ins Leben zurückholen kann und seine Tränen Versteinerungen lösen. Wer sein Blut trinkt, werde unsterblich, sei aber von jenem Augenblick an zu einem unglücklichen Leben verdammt.

Zentaur

Der griechischen Sage zufolge lebten die Zentauren (oder Kentauren) auf dem Berg Pelion in der mittelgriechischen Region Thessalien, wo sie sich von Fleisch ernährten. Die

Pferd-Menschen galten als brutale, lüsterne Wesen, die ständig gegen die Lapithen kämpften, ein Nachbarvolk, das aus kräftigen Riesen bestand, die edel und klug waren. Das berühmte Motiv vom Kampf eines Zentauren gegen einen Lepithen gilt seit Ewigkeiten in Kunst und Literatur als Sinnbild vom inneren Kampf zwischen Vernunft und Triebhaftigkeit eines einzelnen Menschen.

Pegasus

Das geflügelte Pferd entsprang laut griechischer Mythologie dem Hals der todbringenden, schlangenhaarigen Medusa, nachdem Perseus ihr das Haupt mit einem Schwert abgeschlagen hatte. Bellerophon, dem Sohn des Poseidon, gelang es mit Hilfe von Pegasus, gefahrlos aus der Luft mit Pfeilen die Chimäre und die Amazonen zu töten. Als er sich aber mit Pegasus zu den Göttern aufschwingen wollte, warf Pegasus ihn ab. Pegasus trägt die Blitze des Zeus und bringt sie ihm zum Olymp.

Chimäre

Nach Homer ist die Chimäre (auch: Schimäre) ein feuerspuckendes Ungeheuer mit einem Löwenkopf, einem Ziegenkopf im Nacken und einer Schlange als Schwanz. Wurde von Poseidons Sohn Bellerophon auf Pegasus getötet. Das Wort Schimäre hat auch die Bedeutung »Trugbild«.

Greif

Hinterbeine und Körper vom Löwen, Vorderbeine und Kopf vom Adler (allerdings mit Ohren), mit Flügeln an den Flanken. Galt in der Antike als Symbol außerordentlicher Klugheit mit seherischen Fähigkeiten. Im Mittelalter glaubten die Menschen, dass der Vogel Greif wirklich existierte. Er ist seit der Antike ein beliebtes, weitverbreitetes Schild-, Wappen- und Webmotiv. Das Bundesland Baden-Württemberg führt drei Greife im Landeswappen.

Sphinx

In Ägypten tauchte die Sphinx zuerst auf – ein Mischwesen aus Mensch und Tier mit einem auf dem Bauch liegenden Löwenkörper, der Flügel hat, und einem Menschenkopf. Es gibt auch Sphinxen mit den Köpfen von Falken, Sperbern oder Widdern. Den Ägyptern symbolisierte sie – flügellos – die Königsmacht. Die meisten ägyptischen Tempelanlagen werden von zwei Sphinxen als Wächter flankiert. Bei den Griechen verkörperte die Sphinx ein Wesen, das auf einem Berg bei Theben oder auf der Säule auf einem Marktplatz lebte und jeden tötete, der ihr Rätsel nicht lösen konnte. Die Frage lautete: »Es gibt auf der Erde ein Zweifüßiges, ein Vierfüßiges und ein Dreifüßiges desselben Namens. Als einziges Lebewesen ändert es seine Gestalt. Und wenn es sich auf allen Füßen fortbewegt, ist es am langsamsten.« Ödipus, in der Mythologie König von Theben, erriet als Erster, dass die Sphinx den Menschen meinte: Als Kind kriecht er auf allen vieren, als Erwachsener geht er auf zwei Beinen, als Greis bedient er sich zusätzlich des Stocks. Die Sphinx war daraufhin ziemlich beleidigt und stürzte sich in die Tiefe.

Minotaurus

Er war ein Menschen fressendes Ungeheuer mit einem Menschenleib, dem ein Stierkopf auf den Schultern saß. Minotaurus ist die Frucht der Rache des Poseidon, der sauer war auf Minos, einen Sohn des Zeus, der ihn gebeten hatte, ihm einen weißen Stier aus dem Meer zu schicken, den er Poseidon opfern konnte, um damit seinen Machtanspruch als neuer König von Kreta zu beweisen. Der frischgebackene König aber versaubeutelte die Sache, weil ihm der Stier so sehr gefiel, dass er ihn behielt. Daraufhin zürnte ihm Poseidon und sorgte dafür, dass Minos' Frau Pasiphae sich in den Stier verliebte, dem sie dann auch glatt ein Kind gebar – ein Mensch mit Stierkopf, genannt Minotaurus, »Stier des Minos«. Die Geschichte wird noch viel wilder, dafür reicht hier aber nicht der Platz.

Meerjungfrau

Dieses reizende Fabelwesen ist bis kurz unter den Bauchnabel eine stets hübsche junge Frau, weiter unten ein schlanker Fisch und hat schon vielen Seefahrern den Kopf verdreht. Auf keinen Fall mit Nixen oder Sirenen zu verwechseln, die ihr sehr ähnlich sein sollen, aber Gefahr und

Tod für die Menschen bedeuten. Die Meerjungfrau hingegen gilt in Seefahrerkreisen als eine Art verbanntes, seelenloses Wesen, das auf dem rauhen Meer Schutz sucht und Erlösung nur in den Armen eines menschlichen Gemahls finden kann. Womit sie früher, als es noch keinen Fernseher gab, auf den langen Seefahrten wahrscheinlich genau dem entsprach, wovon nicht wenige Seefahrer beim Blick aufs Meer träumten. Selbst wenn sie dann schon viel Rum getrunken hatten und nichts außer ein paar fetten Seelöwen mit Algenröcken sahen.

Seestier

Gigant

Zerberus

UNIVERSUM FUSSBALL

Legendäre Partien

Deutschland – Italien (3:4),
WM-Halbfinale 1970 in Mexiko
Das Spiel zwischen dem damals amtierenden Vizeweltmeister Deutschland und dem damaligen Europameister Italien, das Italien mit 4:3 gewann, wird oft als »Jahrhundertspiel« bezeichnet. Fünf der sieben Tore fielen in der Verlängerung, nachdem die reguläre Spielzeit mit 1:1 geendet hatte. Die Tore für Deutschland schossen Karl-Heinz Schnellinger (1) und Gerd Müller (2).

FC Bayern München – Manchester United,
Champions-League-Finale 1999 in Barcelona (Spanien)
Am Ende der offiziellen Spielzeit führt der FC Bayern, der die gesamte Spielzeit dominiert hatte, mit 1:0, der Sieg ist nur noch 180 Sekunden Nachspielzeit entfernt. Nach zwei Eckstößen in der Bayernhälfte und 102 Sekunden ist der Traum jedoch vorbei: Manchester hat in nicht einmal zwei Minuten zwei Tore geschossen und gewinnt die Champions League.

Dänemark : Deutschland,
EM-Finale 1992, Göteborg (Schweden)
Zwei Wochen vor EM-Beginn waren die dänischen Kicker schon im Urlaub, denn sie hatten sich nicht qualifiziert. Dänemark wurde aber kurzfristig nachnominiert für die Jugoslawen, die wegen des Balkankrieges von der UEFA ausgeschlossen wurden. Die Dänen spielten ihr bestes Turnier aller Zeiten – und gewannen auch das Fina-

le gegen Deutschland, den amtierenden Weltmeister von 1990, mit 2:0.

FC Liverpool – AC Milan,
Champions-League-Finale 2005 in Istanbul (Türkei)
In einem Spielrausch schießt Mailand bis zum Ende der ersten Halbzeit einen Vorsprung von 3:0 heraus. Doch in der zweiten Halbzeit gleicht Liverpool innerhalb von 7 Minuten aus – und gewinnt das Elfmeterschießen mit 6:5. Held der Partie ist Liverpools Keeper Jerzey Dudek, der im Spiel unglaubliche Schüsse abwehrt und den Italienern bei ihren Elfmetern durch Tänze auf der Torlinie (»Dudek Dance«) die Nerven raubt.

Deutschland – Ungarn (3:2),
WM-Finale 1954 in Bern (Schweiz)
Die Partie ging als »Wunder von Bern« in die deutsche Sportgeschichte ein. Deutschland, neun Jahre nach dem Ende des Zweiten Weltkriegs moralisch am Boden, hatte gegen die hoch favorisierten Ungarn in der Vorrunde 3:8 verloren. Im Finale am 4. Juli 1954 in Bern schossen die seit vier Jahren ungeschlagenen Ungarn schon in der 8. Minute einen 2:0-Vorsprung heraus, den die Deutschen aber schnell wieder ausglichen – durch Max Morlock in der 10. Minute zum 1:2 und Helmut Rahn in der 19. Minute zum 2:2. Rahn erzielte in der 84. Minute auch den WM-Siegtreffer zum 3:2.

Die besten Spieler aller Zeiten

Franz Beckenbauer
»Kaiser Franz« (Jahrgang 1945) gilt als erfolgreichster deutscher Fußballspieler. Als Libero bereitete er zahllose

Tore vor und traf 44-mal für den FC Bayern, dessen Präsident er heute ist. Er bestritt 103 Spiele für die Nationalmannschaft, die mit ihm als Kapitän 1974 in München und 1990 als Trainer Weltmeister wurde.

Bobby Charlton
Die Stärke des englischen Mittelfeldspielers (Jahrgang 1937) war nicht seine Kreativität, sondern seine Vielseitigkeit, Verlässlichkeit, seine genauen Pässe über das ganze Spielfeld und seine Weitschusstore. Er spielte bei vier Weltmeisterschaften mit und ist der beste Beweis, dass man auch als solider Spieler ohne viel Zauberei weit kommen kann. Galt vielen als Vorbild für Fairness, Bescheidenheit und Einsatz und wurde dafür von der Queen auch zum Ritter geschlagen. »Sir Bobby« blieb trotz vieler Angebote Manchester United treu.

Johan Cruyff
Kein anderer niederländischer Fußballer prägte so wie der Mittelfeldstürmer Cruyff (Jahrgang 1947) den Begriff »Fußball total« – eine damals neue Spielweise, bei der die Spieler in hohem Tempo pausenlos ihre Positionen wechseln. Dreimal Europas Fußballer des Jahres, neunmal niederländischer Meister mit Ajax Amsterdam. Zahlreiche Pokaltitel.

Diego Armando Maradona
Der Argentinier (Jahrgang 1960) gilt als der beste Spieler der 80er Jahre. Die Nationalelf wurde mit ihm 1986 Weltmeister und 1990 Vizeweltmeister. Dem SSC Neapel verhalf er zweimal zum Sieg der italienischen Meisterschaft. So fasziniert, wie Fußballfans von seinem Spiel waren, so blamabel beendete er seine Karriere 1994 – mit einem

Rauswurf aus der WM wegen des Gebrauchs von Dopingmitteln. Im Oktober 2008 wurde er argentinischer Nationaltrainer.

Pelé
Der Brasilianer Edson Arantes do Nascimento, genannt Pelé (Jahrgang 1940), war ein Alleskönner, die FIFA erklärte ihn zum Fußballer des vorigen Jahrhunderts. Allein für seinen Verein FC Santos schoss er 1088 Tore in 1114 Spielen, für die brasilianische Nationalelf 77 Tore in 93 Spielen.

Michel Platini
Der Franzose (Jahrgang 1955) glänzte als Mittelfeldspieler und war berühmt für extrem genaue 40-Meter-Pässe. Mit ihm als Kapitän wurde Frankreich 1982 Vizeweltmeister und 1986 Weltmeister. Dreimal Europas Fußballer des Jahres.

Dino Zoff
Der Italiener (Jahrgang 1942) gilt als einer der besten Keeper aller Zeiten. Hält noch immer zwei Rekorde: 1143 Minuten Länderspiele ohne Gegentor und ältester Weltmeister (war beim Titelgewinn 1982 bereits 40 Jahre alt). Holte acht Meistertitel und einen UEFA-Pokal mit seinem Club Juventus Turin.

Das schönste Tor aller Zeiten

Das ist natürlich Geschmackssache. Der Weltfußballverband FIFA jedenfalls fand, dass es Diego Armando Maradona 1986 im Viertelfinale mit seiner Nationalelf gegen England schoss – direkt nach dem 1:0, das ebenfalls der nur 1,66 Meter große Mittelfeldspieler erzielt hatte, und zwar mit der linken Hand (Maradona: »… ein bisschen mit dem Kopf Maradonas, ein bisschen mit der Hand Gottes«). Zum zweiten Treffer nimmt Maradona den Ball vor der Mittellinie an, stürmt auf das Tor der Engländer zu, trickst fünf Weltklasse-Gegenspieler plus Torwart aus und trifft zum 2:0 für Argentinien. England verliert mit 1:2.

Top Ten aller Bundesliga-Torschützen

Platz	Name	Bundesligaspielzeit	Tore
1	Gerd Müller	1965–1979	365
2	Klaus Fischer	1968–1988	268
3	Jupp Heynckes	1965–1978	220
4	Manfred Burgsmüller	1969–1990	213
5	Ulf Kirsten	1990–2003	182
6	Stefan Kuntz	1983–1999	179
7	Klaus Allofs	1975–1993	177
8	Dieter Müller	1973–1986	177
9	Hannes Löhr	1964–1977	166
10	Karl-Heinz Rummenigge	1974–1984	162

Die besten Bundesliga-Clubs

Rang	Verein	Meistertitel
1	FC Bayern München	20
2	Borussia Mönchengladbach	5
3	Werder Bremen	4
4	Borussia Dortmund	3
4	VfB Stuttgart	3
4	Hamburger SV	3
7	1. FC Kaiserslautern	2
7	1. FC Köln	2
9	Eintracht Braunschweig	1
9	1860 München	1
9	1. FC Nürnberg	1

Die größten Skandale

Bundesliga-Skandal 1971

Einen Tag nach dem Abstieg der Offenbacher Kickers aus der Bundesliga in die Regionalliga (die Spielklasse der 2. Bundesliga gab es damals noch nicht) spielt deren Präsident Horst-Gregorio Canellas bei einer Grillparty zu seinem 50. Geburtstag öffentlich ein Tonband mit Telefongesprächen ab, die beweisen, dass Spielergebnisse durch Zahlungen von Bestechungsgeldern beeinflusst wurden. Im Laufe von vierjährigen Ermittlungen stellt sich heraus, dass neun Bundesliga-Vereine an Schmiergeldzahlungen in Höhe von einer halben Million Mark beteiligt waren, mit denen abstiegsbedrohte Vereine versuchten, sich den Klassenerhalt zu sichern.

Wett-Skandal 2005
Der Schiedsrichter Robert Hoyzer steht im Mittelpunkt des zweiten großen Bundesliga-Skandals. Hoyzer, einige Kollegen und Spieler hatten mehrere Partien der 2. Bundesliga, des DFB-Pokals und der Regionalliga so beeinflusst, dass Wunschergebnisse herauskamen, auf die zuvor gewettet worden war. Hoyzer wird wegen »banden- und gewerbsmäßigen Betrugs« zu zwei Jahren und fünf Monaten Gefängnis verurteilt.

Manipulationsskandal in Italien
Italien ist gerade Weltmeister bei der WM 2006 in Deutschland geworden, da werden die Urteile im größten Skandal des italienischen Fußballs gefällt: Saison-Meister Juventus Turin, AC Florenz und Lazio Rom werden in die 2. Liga strafversetzt. Die Teams (auch der AC Mailand, der in der 1. Liga bleibt) werden mit Punktabzügen für die kommende Saison bestraft, Juventus werden die Meisterschaftstitel 2006 und 2005 aberkannt. Mehrere Schiedsrichter und Funktionäre, die die Manipulationen mit Clubs abgesprochen hatten, erhalten mehrjährige Berufsverbote. Der zweite Skandal sind dann die Berufungsurteile, die die Strafen teils erheblich mildern und Rom und Florenz vor dem Zwangsabstieg verschonen.

ALLES ÜBER DIE POLIZEI

Bewaffneter Alleskönner – Der Schutzpolizist

Die meisten Polizisten, die du auf der Straße siehst, sind Schutzpolizisten, auch »Schupo« genannt. Sie fahren oder gehen Streife, regeln den Verkehr, rekonstruieren Unfälle, sitzen aber auch oft im Polizeirevier, wo sie Schreibkram wie Strafanzeigen erledigen müssen. Oft sind sie die ersten Polizisten, die am Ort des Geschehens eintreffen, sichern Spuren von Unfällen oder Mordtaten und liefern sich Verfolgungsjagden mit Straftätern oder Verkehrssündern. Weil ihre Aufgaben so vielfältig sind, schleppen sie ständig eine umfangreiche Ausrüstung mit sich herum: Handschellen, Schlagstock, Pfefferspray, Funkgerät, Taschenlampen. Im Auto liegt eine maßgeschneiderte kugelsichere Weste. Und natürlich tragen sie ständig eine schwere Pistole samt Ersatzmagazin am Gürtel. Diese Waffen verschießen große Projektile, die einen Durchmesser von fast einem Zentimeter haben. Polizisten machen regelmäßig Schießtraining, denn im Ernstfall müssen sie sehr präzise zum Beispiel Beine oder Arme treffen, um Angreifer kampfunfähig zu machen oder an der Flucht zu hindern. Der gezielte Tötungsschuss darf nur in Extremsituationen eingesetzt werden. Zum Beispiel, wenn eine Geiselnahme außer Kontrolle gerät oder wenn das eigene Leben bedroht ist.

Kriminalpolizei

Die »Kripo«, wie sie abgekürzt heißt, ist der Experte für mittelschwere bis schwere Verbrechen, also etwa alles zwischen schwerem Diebstahl und Mord. Kripobeamte arbeiten fast immer in normaler Kleidung – auch, um sich bei ihren Ermittlungen zu tarnen. Bei der Kripo arbeiten Experten der Spurensicherung, die zum Beispiel »genetische Fingerabdrücke« aus Haaren, Speichel, Blut oder Hautresten, die vom Täter am Tatort zurückgeblieben sind, gewinnen können und ein untrügliches Beweismittel sind. Sie ziehen Rechtsmediziner zu Rate, die die genaue Todesursache eines Opfers feststellen können. Befragen Ballistiker (Schusswaffenexperten), Sprengstoff- und Technikexperten. Oder beauftragen sie, wenn sie keine Spuren oder Beweismittel haben, einen »Profiler« (in der Regel Psychologen) damit, aus dem Tatmuster und noch so kleinsten Nebensächlichkeiten ein Täterprofil zu entwickeln, um den Täterkreis für die Suche stärker eingrenzen zu können. Sie verhören Zeugen, organisieren Zielfahndungen (Operationen, bei denen Verbrechern manchmal auch um den ganzen Globus hinterhergejagt wird) und arbeiten mit ausländischen Polizeibehörden zusammen. Dieser Job ist allerdings meist mühseliger, als das in einem TV-Krimi den Anschein hat. Nicht selten vergehen Jahre, bis ein Fall erfolgreich gelöst wird. In besonderen Fällen werden auch Mord- oder Sonderkommissionen gebildet, denen manchmal mehr als 100 Polizeibeamte aus allen möglichen Fachbereichen angehören.

SEK – Spezialeinsatzkommandos

Außer Kripo und Schupo gibt es noch viele andere Sondereinheiten wie Wasserschutzpolizei (mit Tauchern), Bereitschaftspolizei, Hundestaffeln (am besten eigenen sich neben dem Schäferhund: Dobermann, Boxer, Riesenschnauzer und Rottweiler), Zollfahndung, Hubschrauberstaffeln. Die am besten trainierten Spezialisten aber, die für die gefährlichsten Fälle eingesetzt werden, sind die Polizisten der Spezialeinsatzkommandos, kurz SEK. Diese Beamten, die im Einsatz stets schwarze Masken und Kleidung tragen, um ihre Identität nicht preiszugeben, was für spätere Fälle von Nachteil sein könnte, müssen Autos wie Rallyefahrer beherrschen, kopfüber am Seil Gebäude herunterklettern, sich vom Hubschrauber bei Wind und Wetter abseilen, das Durchbrechen von Fahrzeugsperren üben, Gebäude stürmen, Sprengstoff einsetzen oder entschärfen. Sie müssen die besten Schützen sein, Kampfsportarten beherrschen, eine exzellente Kondition und Nerven aus Stahl haben. Zu den Spezialeinheiten gehört auch die »Grenzschutzgruppe 9«, kurz GSG 9, die zur Bundespolizei gehört. Die Ausbildung ist ähnlich hart wie beim SEK, nur dass die GSG 9 vor allem gegen Terroristen eingesetzt wird.

DAS WICHTIGSTE ÜBER DIE ERDE

Steckbrief der Erde

- Äquatorumfang: 40.000 km
- Durchmesser: 13.000 km
- Kontinente: 7 (vom größten zum kleinsten: Asien, Afrika, Nordamerika, Südamerika, Antarktis, Europa, Australien)
- Verteilung von Land und Wasser: Wasser 70 Prozent, Land 30 Prozent
- Alter: 4,6 Milliarden Jahre
- Dauer der Sonnenumrundung: 365 Tage (1 Jahr)
- Dauer einer Umdrehung um die Erdachse: 24 Stunden
- Entfernung zur Sonne: 150 Millionen km

Rekordzahlen der Erde

Längste Höhle	Mammoth Cave, USA, 560 km
Größte Höhlenkammer	»Sarawak Chamber« (auf Borneo, Malaysia, 700 m lang, 400 m breit, 700 m hoch)
Längste Schlucht	Grand Canyon, Arizona (USA), 350 km lang und 1.600 m tief
Höchster Wasserfall	Salto Angel (Venezuela), 978 m
Größtes Korallenriff	Great Barrier Reef (Australien), 2.000 km
Land mit der längsten Küste	Kanada, 244.000 km
Höchster Berg	Mount Everest (Himalaja), 8.848 m

Höchster Berg Europas	Montblanc (Italien/Frankreich), 4.807 m)
Höchstes Bergmassiv	Mauna Kea (Vulkaninsel, Hawaii), 10.205 m, davon 4.214 m über und 5.991 m unter Wasser
Längstes Gebirge über Wasser	Anden (Südamerika), rund 7.500 km
Längstes Gebirge unter Wasser	Mittelatlantischer Rücken, 16.000 km, reicht von Island bis zum südlichen Polarkreis
Tiefster Landpunkt	Ufer des Toten Meers (420 m unter dem Meeresspiegel)
Tiefste Meeresstelle	Marianengraben (West-Pazifik), rund 11.000 m
Höchster Kontinent	Antarktis, im Durchschnitt 2.600 m hoch
Flachster Kontinent	Europa, im Durchschnitt 360 m hoch
Längster Fluss	Nil (Afrika), 6.617 km
Wasserreichster Fluss	Amazonas (Südamerika)
Größter Ozean	Pazifik
Größte zusammenhängende Eisfläche	Antarktis, zu 98 Prozent mit bis zu 4,8 km hohem Eis bedeckt
Größte Insel	Grönland
Größter See	Kaspisches Meer (Grenze Europa/Asien); Fläche: 394.000 km^2
Tiefster See	Baikalsee (Sibirien), 1.620 m
Salzigster See	Assalsee (Dschibuti, Afrika); Salzgehalt: knapp 35 Prozent (Ozeane: zwischen 5 und 10 Prozent)
Größte Wüste	Sahara, 9 Millionen km^2 (zum Vergleich: Europa: 10 Millionen km^2)

Einzige Wüste Europas	Tabernas-Wüste (Spanien)
Trockenster Ort	Atacama-Wüste (Chile, 0 Regentage/Jahr)
Feuchtester Ort	Mount Waialeale (Hawaii, 350 Regentage/Jahr)
Kälterekord	–89,2 °C (Wostok, Antarktis)
Hitzerekord	70,7 °C (Lut-Wüste, Iran, Satellitenmessung)
Größter und längster Gletscher	Lambertgletscher (Antarktis), 400 km lang, 80 km breit

Länder, Städte, Bevölkerung

Weltbevölkerung: rund 6,7 Milliarden Menschen
Anzahl der Länder: 195

Bevölkerungsreichste Länder

1. China	1,3 Milliarden
2. Indien	1 Milliarde
3. USA	296 Millionen
4. Indonesien	220 Millionen
12. Deutschland	82 Millionen

Größte Länder

1. Russland
2. Kanada
3. USA
4. China
5. Brasilien

Größte Stadtregionen

1.	Tokio (Japan)	37,2 Millionen
2.	Mexiko-Stadt (Mexiko)	22,97 Millionen
3.	New York (USA)	22,93 Millionen
4.	Seoul (Südkorea)	22,25 Millionen
5.	Bombay (Indien)	20,87 Millionen

Größte europäische Städte

1.	Moskau (Russland)	10,5 Millionen
2.	London (England)	7,5 Millionen
3.	Berlin (Deutschland)	3,4 Millionen
4.	Madrid (Spanien)	3,1 Millionen
5.	Rom (Italien)	2,7 Millionen

Meistgesprochene Sprachen (in abnehmender Reihenfolge)

Hochchinesisch, Hindi (Indien), Englisch, Spanisch, Russisch, Arabisch, Bengali (Bangladesch, Indien), Portugiesisch, Malaiisch-Indonesisch, Japanisch, Deutsch, Französisch, Urdu (Indien, Pakistan), Vietnamesisch, Türkisch

Weitere Rekorde

Kleinstes Land	Vatikan (Staatsoberhaupt: der Papst)
Land mit der höchsten Bevölkerungsdichte	Monaco (17.000 Menschen pro km^2)
Land mit der geringsten Bevölkerungsdichte	Mongolei (1,6 Menschen pro km^2)
Europäisches Land mit der längsten Küste	Griechenland
Die größten Religionen	Christentum, Islam, Hinduismus, Buddhismus

Die sieben neuen Weltwunder

Eine Rekordliste von Weltwundern gibt es schon seit mehr als 2000 Jahren, spätestens etwa seit 130 vor Christus, als der griechische Dichter *Antipatros von Sidon* eine Art antiken Reiseführer mit dem Titel »Die Sieben Weltwunder« in Gedichtform verfasste.
Diese Liste wird heute als die »Sieben antiken Weltwunder« bezeichnet und umfasst die *Gärten der Semiramis zu Babylon*, den *Koloss von Rhodos*, das *Grab von König Mausolos II. zu Halikarnassos*, den *Leuchtturm der Insel Pharos vor Alexandria*, die *Pyramiden von Gizeh*, den *Tempel der Artemis in Ephesos* und die *Zeusstatue des Phidias von Olympia*. Von all diesen sieben antiken Weltwundern existieren aber nur noch die *Pyramiden von Gizeh*, während der Rest längst durch Kriege, Erdbeben oder normalen Zerfall vom Erdboden verschwand.
Im Jahr 2007 hat eine private Stiftung die sieben Weltwunder neu bestimmt, was immerhin von den Vereinten Nationen, in denen fast alle Staaten der Welt Mitglied sind, wohlwollend aufgenommen wurde. Die sieben neuen Weltwunder sind:

Maya-Ruinenstadt Chichén Itzá,
Mexiko (auf der Halbinsel Yucatan)
Die Stadt war ein religiöses, politisches und wirtschaftliches Zentrum des Maya-Reiches. Sie bestand aus einem pyramidenförmigen Schloss, heiligen Brunnen, Kriegertempel, Kirchen und Ballspielplätzen, wurde im 5. Jahrhundert nach Christus errichtet und geriet mit dem mysteriösen Verschwinden der Maya-Hochkultur im 14. Jahrhundert in Vergessenheit. Dicht von Urwald überwuchert, wurde sie erst im 19. Jahrhundert wiederentdeckt.

Chinesische Mauer, China
6.350 Kilometer lang. Allein die Hauptmauer misst 2.400 Kilometer. Die Mauer ist das längste und massereichste Bauwerk der Welt. Ihre Errichtung erstreckte sich über eine Zeit von rund 2000 Jahren. Die letzte große Bauphase endete während der Ming-Dynastie (14. bis 18. Jahrhundert). Sie wurde vor allem als Schutzwall gegen Völker aus dem Norden gebaut. In Abständen von einigen hundert Metern verteilt, sollen an der Mauer einst etwa 25000 Türme gestanden haben.

Cristo Redentor (»Christus, der Erlöser«),
Brasilien (Christusstatue in Rio de Janeiro)
Die 30 Meter hohe Statue aus Stahlbeton, die mit einem Speckstein-Mosaik überzogen ist, steht auf dem Berg Corvocado im Süden von Rio und blickt in Richtung Zuckerhut. Sie sollte 1922 pünktlich zur 100-Jahr-Feier der Unabhängigkeit Brasiliens enthüllt werden, was sich wegen Geldmangels um neun Jahre verzögerte.

Kolosseum, Italien (Amphitheater in Rom)
Größtes Amphitheater der Antike, gilt als Meisterwerk der Architektur. Bis zu 50000 Menschen pro Veranstaltung konnten hier Gladiatorenkämpfe, Kämpfe wilder Tiere, Exekutionen und aufwendig nachgestellte Seeschlachten verfolgen. Die grausamen Spektakel waren von seinem Erbauer, dem römischen Kaiser Vespasian, als kostenlose Unterhaltung für die Bevölkerung gedacht. Seine Nachfolger sahen das 400 Jahre lang nicht anders.

Machu Picchu, Peru (Inka-Stadt in den Anden)
In knapp 4.000 Meter Höhe errichtete Stadt aus fugenlos

verlegten Steinblöcken, von den spanischen Eroberern unentdeckt (siehe Kapitel *Versunkene Städte*).

Petra, Jordanien (Felsenstadt)
Petra war die Hauptstadt des Reiches der Nabatäer, eines alten, von Nomaden abstammenden Volkes. Sie liegt zwischen Totem und Rotem Meer in einem zerklüfteten Gebirge, das nur über einen schmalen Felsgrat oder eine bis zu 200 Meter tiefe, knapp 2 Kilometer lange, nur wenige Meter breite Schlucht erreichbar ist. Prächtige, in den Fels gehauene Grabstätten mit riesigen, ebenfalls aus dem Fels geschlagenen Tempelfassaden. Die als Gewürz- und Silberhändler reich gewordenen Nabatäer bauten die direkt an den Karawanenwegen gelegene Nekropole (Totenstadt) schließlich wegen ihrer sicheren Lage Petras im 4. Jh. v. Chr. zu ihrer wichtigsten Stadt aus.

Taj Mahal, Indien (Mausoleum)
Gilt als das größte und prächtigste Grabmal in Gebäudeform (Mausoleum). Der Großmogul Shah Jajan ließ das 58 Meter hohe Gebäude 1631 aus schneeweißem Marmor mit Edelsteinen verziert auf einer 100 mal 100 Meter großen Marmorplattform für seine Hauptfrau Mumtaz Mahal erbauen.

KLEINES WETTER-ABC

Wie Wind entsteht

Wind ist nichts weiter als Luft, die sich bewegt. Luft kommt in Bewegung, wenn die Sonne die Erdoberfläche erwärmt. Die Luft erwärmt sich, dehnt sich aus, wird dadurch leichter – und steigt deshalb nach oben (aus diesem Grund fliegt auch ein Heißluftballon). Die schwere, kalte Luft hingegen sinkt nach unten, und so entsteht allein durch Temperaturschwankungen ein ständiger Austausch warmer und kalter Luftmassen, der sich als Wind bemerkbar macht.

Auf der Erde gibt es zudem je nach geographischer Lage immer wiederkehrende Windsysteme, die groß wie Kontinente sind und die von der Jahreszeit, der Erddrehung und auch den verschiedenen Meeresströmungen mit ihren stark unterschiedlichen Temperaturen abhängig sind. Der Wind wird umso stärker, je größer die Temperaturunterschiede zwischen den Luftmassen sind. Richtig ungemütlich kann es dort werden, wo große Kalt- und Warmfronten oder Tief- und Hochdruckgebiete aufeinanderstoßen.

Bekannte Windsysteme

Mistral	trockenkalter Nord- bis Nordwestwind im Mittelmeer
Passat	tropischer Wind, auf der Nordhalbkugel aus Nordost, auf der Südhalbkugel aus Südost
Schirokko	heißer Südwind von der Sahara Richtung Mittelmeer

Monsun	Südostasien; bringt im Sommer heftige Regenfälle, ist im Winter trocken
Föhn	warmer Fallwind in den Alpen
Bora	kalter, orkanartiger Fallwind aus Nord an der Adriaküste Kroatiens und Montenegros
Rossbreiten	kein Wind, sondern genau das Gegenteil: das bekannteste Flautengebiet auf dem Meer; tritt in den Zonen der Subtropen zwischen Passatgebieten und Westwindzonen auf, wo Segelschiffe früher manchmal wochenlang bewegungslos festsaßen

Windstärken

Die Winde sind weltweit in ein System mit 13 Stufen unterteilt, *Beaufortskala* genannt:

Windstärke 0	absolute Windstille (Geschwindigkeit: 0–1 km/h, Rauch steigt senkrecht empor, spiegelglatte See)
Windstärke 1	leiser Zug (1–5 km/h, Rauch zieht leicht schräg ab, Wasser leicht gekräuselt)
Windstärke 2	leichte Brise (6–11 km/h, Blätter rascheln, Meer glasig)
Windstärke 3	schwache Brise (12–19 km/h, Blätter bewegen sich, vereinzelt Schaum auf Wasser)
Windstärke 4	mäßige Brise (20–28 km/h, Papier wird vom Boden gewirbelt, Wellen haben Schaumkronen)
Windstärke 5	frische Brise (29–38 km/h, größere Bäume bewegen sich, Wind deutlich hörbar, große Wellenlänge)

Windstärke 6	starker Wind (39–49 km/h, Stromleitungen pfeifen, brechende Wellen mit Schaumkrone)
Windstärke 7	steifer Wind (50–61 km/h, Widerstand beim Gehen, Schaum brechender Wellen wird weggeweht)
Windstärke 8	stürmischer Wind (62–74 km/h, Zweige brechen, Fensterläden werden geöffnet; hohe Wellen, deren Kämme wegwehen)
Windstärke 9	Sturm (75–88 km/h, Gartenmöbel fliegen weg, Gehen wird schwierig, hohe Brecher auf See)
Windstärke 10	schwerer Sturm (89–102 km/h, Bäume brechen, hohe Wellen mit langen, brechenden Kämmen)
Windstärke 11	orkanartiger Sturm (103–117 km/h, Dächer werden abgedeckt, Gehen unmöglich, brüllende See)
Windstärke 12	Orkan (über 118 km/h, Bäume fallen um, See weiß und ohne Sicht, Wellenhöhe über 10 m)

Wie Regen entsteht

Der Regen nimmt seinen Anfang, wenn die Sonne an der Oberfläche der Meere, Seen und Flüsse Wasser durch ihre Wärme verdunsten lässt. Dieser Dunst steigt mit der warmen Luft nach oben. Da es dort mit zunehmender Höhe wieder kälter wird, zieht sich der Dunst langsam wieder zu kleinen Wassertröpfchen zusammen (man nennt dies Kondensation; es ist das gleiche Prinzip, das an einem feuchten Sommertag an der Außenseite einer kalten Wasserflasche Wassertropfen bildet oder eine kalte Fensterscheibe beschlagen lässt, wenn du sie anhauchst). So bildet sich eine Wolke, die nichts weiter ist als Wasserdampf. Manchmal lösen sich Wolken durch Wind oder Wärme wieder auf, manchmal nicht. In diesem Fall klumpen immer mehr Wassertröpfchen zusammen und werden irgendwann so schwer, dass sie zur Erde fallen – es regnet. Dann beginnt das Ganze vor vorn, weshalb man auch vom Wasserkreislauf spricht.

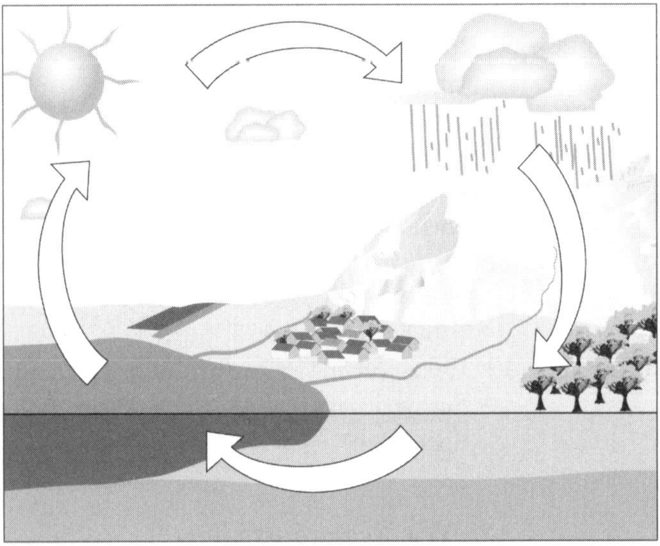

Wie Schnee entsteht

Oft ist es in Wolken so kalt, dass die Wassertröpfchen zu kleinen Eiskristallen gefrieren. Eiskristalle haben die unterschiedlichsten Formen, aber immer je sechs Spitzen. Diese Kristalle verhaken sich ineinander, bis sie so schwer sind, dass sie als Schneeflocken zur Erde fallen. Dort kommen sie allerdings nur als Schnee an, wenn die Außentemperatur am Boden nicht mehr als +2 °C beträgt. Wenn im

Sommer Regentropfen aus einer hohen Wolke fallen, ist es gut möglich, dass sie vorher Schneekristalle waren, auf ihrem Weg zur warmen Erde aber schmolzen.
Liegt er erst mal auf der Erde, unterteilt man ihn in folgende Schneearten: Neuschnee (nicht älter als 3 Tage), Altschnee (älter als 3 Tage, abgerundete Spitzen), Harsch (getaute und dann wieder gefrorene Schicht über der noch pulverigen Schneedecke), Firn (schwerer, harter Schnee, mehrmals getaut und gefroren). Ist Schnee sehr trocken und lässt sich nicht zusammenpappen, spricht man von Pulverschnee. Das Gegenteil ist Pappschnee (entsteht meist bei 0 °C). Ist er so nass, dass man Wasser aus ihm drücken kann, wird er Sulzschnee genannt.

Wie Hagel und Graupel entstehen

Hagel entsteht in Gewitterwolken. In diesen Wolken herrschen große Temperaturunterschiede: Sie sind unten warm und oben sehr kalt. Die feuchte Luft zirkuliert in der Wolke von unten nach oben und reißt Wassertropfen mit sich. Die Tropfen gefrieren sofort zu Eiskügelchen, die wiederholt nach oben gesogen werden und so zur Größe eines Hühnereis heranwachsen können, bevor sie zur Erde fallen. Kleine Hagelkörner, die eher wie winzige, zusammengepresste Schneeflocken aussehen, nennt man Graupel.

Wie Nebel, Rauhreif und Tau entstehen

Nebel ist nichts anderes als eine Wolke über dem Boden. Er bildet sich, wenn sich dort viel Feuchtigkeit sammelt, die aber nicht aufsteigen kann, weil die Luft nicht warm genug ist. Dies geschieht vor allem nachts im Herbst, wenn sich warmfeuchte Luft mit kalter mischt, und im Sommer am frühen Morgen, wenn die Sonne die Bodenfeuchtigkeit verdunstet. Mit steigender Temperatur löst sich der Nebel auf. Kühlt feuchte Luft direkt über dem Boden nachts sehr stark ab, setzt sie sich als Tau am Boden ab. Sinkt die Temperatur dabei unter den Gefrierpunkt, bildet sich Rauhreif.

Wie Blitz und Donner entstehen

Blitze entstehen in Gewitterwolken, weil Regentropfen und Eiskristalle dort bei Windgeschwindigkeiten von 150 km/h pausenlos gegeneinanderstoßen und sich so durch Reibung elektrisch aufladen. Im oberen Teil der Wolke sind die Teilchen positiv geladen, unten negativ, was zu elektrischer Spannung führt. Wird diese zu groß, entlädt sich die Spannung über einen Blitz (Reibungselektrizität entsteht auch, wenn du mit Schuhen, die eine Gummisohle haben, über einen Teppich schlurfst – die Spannung entlädt sich mit einem spürbaren Miniblitz, wenn du zum Beispiel einer anderen Person die Hand gibst). Der Gewitterblitz existiert zwar nur den tausendsten Teil einer Sekunde, breitet sich aber mit 100.000 km/h aus und wird 30.000 °C heiß. Der Donner entsteht, weil sich durch die enorme Hitze die Luft um den Blitzkanal herum explosionsartig ausdehnt und dabei eine Druckwelle erzeugt, die sich nach allen Seiten mit Schallgeschwindigkeit ausbreitet, was wir als Knall wahrnehmen. Obwohl Donner und Blitz im selben Moment entstehen, hören wir den Donner später, weil sich Lichtwellen eine Million Mal schneller als Schallwellen ausbreiten.

WILDE TIERWELT

Die schnellsten Tiere

Land

Gepard. Die Raubkatze, die in Afrika (vereinzelt auch im Iran, der Türkei und Indien) lebt, schafft bis zu 110 km/h und beschleunigt von 0 auf 100 km/h in drei Sekunden, womit sie jeden Porsche stehenlässt. Der außergewöhnlich lange Schwanz dient zum optimalen Gegensteuern bei schnellen Richtungswechseln.

Der schnellste Laufvogel ist der Strauß mit 72 km/h.

Der Feldhase schafft bis zu 70 km/h, der Eisbär ist mit 40 km/h immer noch schneller als der Mensch (37 km/h).

Wasser

Fächer- oder Segelfisch. In allen äquatornahen Ozeanen anzutreffen, 110 km/h.

Der Blaue Marlin, der dem Fächerfisch sehr ähnlich ist, erreicht 100 km/h, der Schwertfisch 90 km/h, der Thunfisch knapp 80 km/h. Alle zählen zu den makrelenartigen Fischen.

Luft

Wanderfalke. Schafft im normalen Flug mehr als 200 km/h, im Sturzflug sogar bis zu 320 km/h.

Die giftigsten Tiere

Spinnen

Die bis zu 15 Zentimeter große *Brasilianische Wanderspinne* zählt zu den giftigsten. Sie ist äußerst aggressiv und treibt

sich auch in Städten wie Rio de Janeiro oder São Paolo herum, wo sie besonders gern in Manteltaschen, Hüten oder Schuhen ein Nickerchen macht. Gelegentlich reist sie auch nach Europa – als blinder Passagier in Bananenstauden. Wird nicht rechtzeitig ein Gegenserum gespritzt, kann ein Biss der Wanderspinne durch Herz- und Atemstillstand ebenso tödlich für Menschen verlaufen wie jener der *Sydney-Trichternetz-Spinne*, die es – wie ihr komischer Name schon andeutet – zum Glück nur in Sydney und Umgebung gibt. Das nur 4 Zentimeter kleine australische Biest hat Beißklauen, die so stark und scharf sind, dass sie durch einen Fingernagel gehen. Ihr Biss dringt so tief ein, dass man die Spinne manchmal aus der Haut rausreißen muss.
Die größte Giftspinne ist die Riesenvogelspinne, die mit 30 Zentimeter so groß wie eine Pizza wird. Bei Gefahr katapultiert sie von ihrem Hinterleib dem Feind mit Nesselgift besetzte Haare entgegen, die schwere Verbrennungen hervorrufen.
Die giftigste Spinne in Europa ist die erbsenkleine *Schwarze Witwe* (bis 1,3 cm), die überall am Mittelmeer heimisch ist. Ihr lateinischer Name *latrodectus* bedeutet »geheimer Beißer«, weil der Biss selbst oft nicht bemerkt wird. Wenn auch die Folgeschmerzen unerträglich sein sollen, wird ihre Gefährlichkeit oft übertrieben. Aufpassen sollten hingegen ältere, kranke Menschen und Kleinkinder.

Schlangen

Schwarze Mamba, Königskobra, Schnabelseeschlange – es gibt viele giftige Schlangen auf unserem Planeten, deren Biss Menschen tötet, wenn sie sich nicht ein Gegengift spritzen lassen (das übrigens aus genau dem Gift der Tiergattung hergestellt wird, das gebissen hat, nur ganz stark verdünnt).

Der *Inlandtaipan* ist die giftigste aller Schlangen. Die dunkelbraun bis oliv gefärbte, bis 2,5 Meter lange Natter lebt im australischen Outback (so nennen die Australier sehr entlegene Gebiete, also fast den gesamten Kontinent). Ihr Biss ist 50-mal giftiger als jener der Königskobra und kann einen Menschen innerhalb weniger Sekunden töten. Die Giftmenge, die sie in ihren Drüsen speichert, würde sogar ausreichen, um 100 Menschen ins Jenseits zu befördern.
Weniger giftig, für den Menschen aber viel gefährlicher ist die *Sandrasselotter*, die für 10.000 der weltweit jährlich 40.000 Todesfälle durch Schlangenbisse verantwortlich ist. Diese Wüstenviper wird bis zu 70 Zentimeter lang, ist sehr aggressiv und in weiten Teilen Afrikas, im Mittleren Osten, Indien und Pakistan anzutreffen. Sie nähert sich auch Gärten und Häusern und gräbt sich tagsüber bis auf ihren dreieckigen Kopf oft ein, um sich vor der Sonne zu schützen. Viele Opfer, die barfuß gehen, werden in die Füße gebissen. Selbst dünne Schuhe schützen nicht vor den spitzen Giftzähnen. Das Antiserum muss möglichst sofort gespritzt werden. Eine Überlebensgarantie ist das aber nicht.

Fische
Rotfeuerfische, *Kugelfische*, *Stachelrochen*, *Petermännchen* – im Meer (Nord- und Ostsee inklusive) schwimmen rund 250 Fischarten umher, die eher schwimmenden Giftschränken aus der Apotheke gleichen. Kopf, Flanken und Flossen sind mit Stacheln ausgerüstet, die hochgradig giftige Substanzen verspritzen und normalerweise der Abwehr von Feinden dienen. Stechen sie Menschen, die meist aus Versehen auf sie treten oder sie aus Unwissenheit provozieren, verursacht das fast immer sehr starke Schmerzen – nicht selten auch dann noch, wenn die Giftfische schon

stundenlang tot auf der Theke im Fischmarkt liegen. Rund 100 Begegnungen enden für Menschen jährlich mit dem Tod.
Der giftigste von allen ist der *Steinfisch*, der zur Familie der Skorpionfische gehört. Der bis zu 40 Zentimeter große, rote, von Algen und Krusten überzogene Bursche treibt im Indischen Ozean an Riffen oder eingegraben im Sand in Wassertiefen bis 30 Meter sein Unwesen. 6 von 10 Menschen, die mit seinem Rückenflossenstachel Bekanntschaft gemacht haben, überleben die ersten 8 Stunden nach dem Stich nicht. Der Rest plagt sich oft noch wochenlang mit Schmerzen, Fieber und schlecht verheilenden Wunden herum, soweit er überlebt.

Frösche

Hüpft dir im lateinamerikanischen Urwald ein kleiner, lustiger Frosch in leuchtenden Signalfarben (manchmal mit schwarzen Streifen) vor die Füße, fasse ihn besser nicht an. Denn es könnte das Letzte sein, was du tust, wenn es sich um einen *Pfeilgiftfrosch* handelt: In seiner Haut steckt ein Gift, das bei Berührung ausreichen würde, um bis zu zehn erwachsene Menschen zu töten. Im kolumbianischen Dschungel streichen Indios dieses Gift für die Jagd auf ihre Pfeilspitzen, die sie mit Blasrohren verschießen.

Quallen

Hinter dem Namen *Seewespe* verbirgt sich kein Insekt, das übers Meer summt, sondern die giftigste Qualle der Welt. Sie gehört zur Familie der Würfelquallen, wird bis zu 2 Kilogramm schwer und groß wie eine Schiffsglocke. Ihre Waffe: 60 bis zu 3 Meter lange Tentakeln, die mit Millionen giftiger Nesselzellen bestückt sind. Berührt ein

Schwimmer die Tentakel, schießen blitzartig kleine Nesselfäden hervor, die wie Pfeile die Haut durchdringen und ein starkes Nervengift injizieren, das die gesamte Muskulatur lähmt und in wenigen Minuten zum Tode führt. Die *Seewespe* gilt als das gefährlichste Meerestier. Bis zu 50 Menschen sterben jährlich durch ihr Gift – erheblich mehr, als jährlich Haien zum Opfer fallen. In Australien, wo die *Seewespe* besonders häufig auftritt, gehen Badegäste, die beim Baden nicht zufällig sterben wollen, deshalb oft nur noch mit einem Schutzanzug ins Wasser.

Schnecken
Während in Europa Schnecken Menschen zum Opfer fallen, ist es in tropischen Meeren umgekehrt. Wer das Pech hat, eine *Kegelschnecke* zu finden, ohne zu wissen, was er vor sich hat, kann den Versuch, sie aufzuheben, mit dem Leben bezahlen. Ihre Reibezunge besitzt pfeilförmige Zähne mit einer Drüse, die hochpotentes Nervengift verspritzt, das sie in der Regel zur Jagd nach Fischen einsetzt. Sammler bezahlen für die hübschen, kegelförmigen Gehäuse mehrere zehntausend Euro. Auch die Medizin interessiert sich für die Tiere – um aus dem Gift hochwirksame Schmerzmittel zu machen.

Die giftigsten Pflanzen

Viele heimische Pflanzen und Bäume (z. B. *Bärenklau*, *Eibe*, *Goldregen*, *Tollkirsche*, *Pfaffenhütchen*) enthalten in Früchten, Rinde, Holz oder Blüten Substanzen, die für den Menschen giftig sind.
Keine aber ist so giftig wie die *Rizinusstaude*, auch Wunderbaum genannt. Während das Samenöl in der Medizin oder auch zur Schmierung von Motoren verwendet wird,

enthalten die Samenschalen das Gift Rizin, das tausendfach giftiger ist als das Gift der Klapperschlange. Schon der Verzehr weniger Samen kann tödlich sein.
Der giftigste Pilz der Welt ist ebenfalls in unseren Breiten zu finden – der *Grüne Knollenblätterpilz*. Als tödliche Dosis reicht schon eine kleine Portion. Seine besondere Gefahr besteht darin, mit wilden Champignons, Grünlingen oder Täublingsarten verwechselt zu werden. Ein deutschrömischer Kaiser zählt zu den prominentesten Opfern dieser Verwechslung: Karl VI. Sein Tod führte zum österreichischen Erbfolgekrieg (1740–1748).

Das gefährlichste Tier der Welt: eine Mücke

Es gibt kein anderes Tier, das so viele Menschen tötet wie die *Anophelesmücke*. Pro Jahr sterben eine Million Menschen an den Folgen der Malaria, dessen Erreger ausschließlich durch den Stich dieses Insekts in tropischen Regionen übertragen werden. Allein 800.000 dieser Opfer sind afrikanische Kinder unter 5 Jahren. In Afrika stirbt also im Durchschnitt alle 40 Sekunden ein Kind an Malaria. Hochwirksamen Schutz gegen die tödlichen Plagegeister bieten schon Mückennetze und lange Kleidung sowie schnelle Behandlung im Fall einer Infektion. In armen, entlegenen Regionen aber gibt es meist weder das eine noch das andere.

Die stärksten Tiere

Flusspferde
Das Fluss- oder Nilpferd flößt in Afrika den Menschen in Flussregionen mehr Angst ein als Löwen. Und das hat

einen guten Grund: Den Attacken fallen mehr Menschen zum Opfer als Löwen oder Krokodilen. Ihre Gefährlichkeit besteht nicht darin, dass Flusspferde etwa Fleisch mögen, sondern weil diese Vegetarier als ausgesprochen gastunfreundlich gelten. Wer sich in ihr Revier verläuft oder verpaddelt, wird angegriffen. Und wenn man diese riesige Speckschwarte, in dessen großer Klappe statt Zähnen Krummsäbel zu stecken scheinen, plötzlich schnell wie ein Moped auf sich zuschießen sieht, bekommen 3.000 Kilogramm schwabbelndes Fleisch und Knochen trotz des zartrosafarbenen Glanzes eine ganz andere Bedeutung. Selbst Großwildjäger haben viel Respekt vor diesen Kolossen, die trotz ihrer Hufe nicht mit Pferden, sondern mit Walen verwandt sind.

Raubkatzen

Die vier größten Raubkatzen *Tiger* (Asien, bis 250 kg), *Löwe* (Afrika, bis 225 kg), *Jaguar* (Südamerika, bis 110 kg) und *Leopard* (Afrika, Asien, bis 90 kg) sind in ihren Territorien die unumstrittenen Herrscher und gewinnen gegen jeden anderen Vier- und unbewaffneten Zweibeiner jedes Duell. Alle Raubkatzen verhalten sich gegenüber dem Menschen wie auch die meisten anderen Raubtiere von Natur aus scheu. Es gibt allerdings Ausnahmen. Kommt ein Mensch dem kleinen Nachwuchs zu nahe, wird er aus Gründen der Verteidigung angegriffen. Kommt es zu Nahrungsengpässen, wird es für lahme Zweibeiner ebenfalls gefährlich. Jedes Jahr fallen daher Dutzende Menschen Löwen, Tigern und Leoparden zum Opfer. Mit Jaguaren hingegen sind nur wenige Zwischenfälle bekannt, da der Regenwald in Südamerika noch immer genug Platz und Nahrung für alle bietet.

Krokodile

Die größten Reptilien (Kriechtiere) der Welt sind ein Sonderfall in der Evolution: Sie leben in ihrer heutigen Größe und Form seit mehr als 100 Millionen Jahren auf der Erde. Damit haben sie die Dinosaurier überlebt, die vor 65 Millionen Jahren ausstarben. Sicher hat ihnen dabei geholfen, dass sie amphibisch leben, also zu Land und zu Wasser. Zweifellos zählen Krokodile aber auch zu den erfolgreichsten Raubtieren, die durch einen fast undurchdringbaren Knochenpanzer geschützt sind und vor denen Menschen sich stets in Acht nehmen sollten.

Das *Nilkrokodil* wird bis 7 Meter lang und erbeutet im Wasser auch Zebras, indem es sie mit dem kräftigen Maul am Hals packt, unter Wasser drückt und ertränkt. Das australische *Leistenkrokodil* ist mit bis zu 7,5 Meter Länge das größte aller Krokodile. *Alligatoren*, die die Sumpfgebiete in den Südstaaten der USA unsicher machen, werden bis zu 6 Meter lang. Sie sind – wie Kaimane – eine Unterart der Krokodile. Die Unterschiede erkennt man am Gebiss: Bei Krokodilen greifen die Zähne des Oberkiefers zwischen die des Unterkiefers, und selbst bei geschlossenem Maul bleibt der vierte Unterkieferzahn auf beiden Seiten sichtbar. Beim Alligator hingegen greifen die Oberkieferzähne über die des Unterkiefers, bei geschlossenem Maul sind alle Zähne verdeckt.

Haie

Das Killerimage dieser Knorpelfische ist maßlos übertrieben. Wesentlichen Anteil daran hat ein Horrorfilm-Klassiker: »Der Weiße Hai« von Hollywood-Regisseur Steven Spielberg. Hätten Haie auch nur die leiseste Ahnung, wie sehr ihr Ruf dadurch ruiniert wurde, könnte der Oscar-Preisträger das Baden im Meer für immer vergessen.

Gleichwohl kann Vorsicht grundsätzlich nicht schaden. Wer sich in Haigewässern eine blutende Wunde zuzieht, tut gut daran, das Wasser auf schnellstem Wege zu verlassen. Die meisten der rund 500 Haiarten nehmen zwar Reißaus, wenn sie einen schwimmenden Zweibeiner sehen. Doch es gibt Ausnahmen: *Weißer Hai* (bis 7 m), *Tigerhai* und *Bullenhai*, die in dieser Reihenfolge auch für die meisten Angriffe auf Menschen verantwortlich sind. Tödlich enden Zusammenstöße mit dem vermeintlichen Schrecken der Meere pro Jahr jedoch nur in etwa zehn Fällen. Ernsthaft bedroht sind hingegen die Haie selbst. Rund 70 Arten – darunter auch Tigerhai, Weißer Hai sowie der Hammerhai – sind durch Überfischung in ihrem Bestand bedroht.

Bären

Die Gefährlichkeit des Bären, der zu den stärksten Landraubtieren zählt, liegt vor allem in der Unvorsichtigkeit des Menschen. *Grizzlys*, *Braun- und Schwarzbären* haben enorme Kräfte, sind ausgezeichnete Schwimmer, laufen bis zu 60 km/h schnell und verputzen außer Tonnen von Lachs auch gerne Rentiere, Hirsche und Bisons. Aber sie sind keinesfalls reine Fleischfresser wie Raubkatzen, sondern allesfressende Leckermäuler, versessen auch auf Beeren, Honig, Kräuter und Nüsse – und Camping-Menüs aller Art.
Einzige Ausnahme: der *Eisbär*, mit bis zu 3,5 Metern Körperhöhe und 800 Kilogramm Gewicht größter aller Bären und in vegetationslosen, eisschrankähnlichen Gebieten dazu gezwungen, sich von Fischen, Vögeln, Robben und Seelöwen zu ernähren. Im Notfall wird er auch zum Kannibalen.
Da viele Menschen nicht wissen, was die neugierigen, in der Regel friedlichen Bären mögen und was nicht, kommt

es vor allem in Nordamerika immer wieder zu Zusammenstößen, die hin und wieder tödlich für den Menschen ausgehen. Bären lieben es grundsätzlich nicht, geärgert, erschreckt oder beim Essen gestört zu werden (auch wenn es sich um das eigene Sandwich handelt, das Oma mit viel Liebe geschmiert hat). Ebenso allergisch und unberechenbar reagieren sie auf Zweibeiner, wenn sie diese in der Nähe ihrer Jungen sehen. Selbst weglaufende Zweibeiner sind ihnen ein Greuel, dem sie nachsetzen. Es gibt Behauptungen, man solle sich lieber tot stellen vor einem Bär, der sauer ist. Das Problem: Es hilft nicht immer.

Tierische Weltrekorde

Das größte Tier	Blauwal, bis zu 30 Meter lang und 130 Tonnen schwer
Das höchste Tier	Giraffe, 5,5 Meter
Die größten Vögel	Flugvögel: Wander-Albatros (Spannweite: 3,7 m); Laufvögel: Strauß (2,5 m, 150 kg)
Der größte Fisch	Walhai, bis 14 Meter lang (gehört nicht zur Gattung der Wale)
Die riesigsten Schlangen	Netzpython (Südostasien, bis knapp 10 m und 100 kg) und Anakonda (Südamerika, bis 9 m und 150 kg)
Das älteste Tier	Riesenschildkröte (Galapagosinseln und Seychellen, bis 250 Jahre)
Das Tier mit der kürzesten Lebensdauer	Eintagsfliege – ihr Larvenstadium dauert bis zu vier Jahre; einmal geschlüpft, können die 4 Millimeter kurzen Insekten nicht fressen, weil ihre Mundwerkzeuge verkümmert sind; sie begatten sich und sterben wenige Stunden später, maximal nach ein paar Tagen

Das Tier mit dem größten Auge	Riesenkalmar, Augendurchmesser bis 40 Zentimeter
Der größte Schmetterling	Nachteulenfalter (Südamerika, 32 cm)
Der am tiefsten tauchende Vogel	Kaiserpinguin (gemessen bis 535 m Tiefe)
Das größte und kleinste Vogelei	Strauß (18 cm lang, 1,8 kg schwer); Bienenelfe (kubanischer Kolibri) (6,3 mm lang, 0,25 g schwer)
Der am höchsten fliegende Vogel	Andenkondor, mit 3,20 m Flügelspannweite größter Raubvogel der Welt (Höhen bis 7.000 m)
Der größte Affe	Gorilla (Afrika, zwar nur 1,85 m groß, aber fast 300 kg schwer)
Das lauteste Tier	Finnwal (mit 25 m das zweitgrößte Tier der Erde, kann sich mit seinem Gesang über Hunderte von Kilometern unter Wasser mit seinen Artgenossen verständigen)

Der höchste Baum der Welt

Der höchste je gemessene Baum ist ein Rieseneukalyptusbaum in Australien: 132,58 Meter. Der aktuelle Rekordhalter ist ein Küstenmammutbaum, steht in Kalifornien und ist 115,5 Meter hoch.

Der älteste Baum der Welt

Grannenkiefer. Sie stehen in den White Mountains in Kalifornien, werden kaum höher als 12 Meter, aber über 4000 Jahre alt. Das älteste Exemplar, »Methusaleh«, zählt 4800 Jahre.

Kurioses über Tiere und Pflanzen

Angelnde Fische

Wenn nachts eine neugierige, schlaflose Sardine am Meeresgrund eine leuchtende Kugel sieht und dumm, wie sie ist, zu ihr hinschwimmt, sieht sie im Widerschein der Kugel vielleicht noch für einen Sekundenbruchteil das schreckliche, dunkle, platte Gesicht, dessen plötzlich fußballgroßes, mit langen, dünnen, spitzen Zähnen bewehrtes Maul, sie dann ruckartig verschwinden lässt. Die leuchtende Kugel hängt an einem beweglichen Stab und sitzt auf dem Kopf des Seeteufels, der bis 2 Meter lang wird, auch im Mittelmeer lebt und einer von mehreren Fischen ist, die mit phosphoreszierenden (leuchtenden) Substanzen an angelähnlichen Fortsätzen Jagd auf Fische machen.

Killerbienen

Eigentlich sollten die Killerbienen Superbienen werden, die mehr Honig liefern. Im Auftrag der brasilianischen Regierung kreuzte deshalb 1956 ein Professor emsige afrikanische Bienen mit trägen brasilianischen. Das Experiment ging in die Hose. Statt weniger zu stechen und mehr zu arbeiten, fielen die Superbienen vor allem durch eines auf: Aggressivität. Und ehe der Professor sich versah, ließen seine trotteligen Angestellten 26 der stechwütigen Flieger entkommen. Inzwischen gibt es rund eine Milliarde dieser Killerbienen, denen bislang rund 600 Menschen und zahllose Tiere zum Opfer fielen.

Wölfe

Das einzige Märchen über den Wolf, an das viele Menschen glauben und das doch eine Erfindung bleibt, ist jenes über seine Gefährlichkeit. Die Tiere reißen im Rudel zwar sogar Bisons, heulen und knurren, dass einem die Haare zu Berge stehen. Aber wenn sie vom Menschen nicht provoziert werden, lassen sie ihn auch in Ruhe. Zudem sind sie Allesfresser und ernähren sich auch von Waldfrüchten. Der Wolf ist das erste Tier, das von Menschen gezähmt wurde. Von den zahmen Nachfahren stammen alle Hunde ab (auch der Yorkshire-Terrier, der eher einem furzenden Sofakissen ähnelt als einem Hund). Nur in zwei Dingen hatte der Wolf großes Pech: Er war lange Zeit das am weitesten verbreitete Säugetier der Erde, lebte in allen Klimazonen, nur dort nicht, wo er nicht gejagt worden wäre, weil es dort an Jägern mangelt: in den Tropen. Und er war ein zu großer Nahrungsmittelkonkurrent des Menschen, dem er Nutztiere wie Schafe und Wildtiere wie Rehe vor der Nase wegschnappte. Deshalb wurde der Wolf so gnadenlos gejagt, dass er in vielen Ländern bis Ende des 19. Jahrhunderts völlig ausgerottet war. Heute leben Wölfe auch wieder in Deutschland, zum Beispiel in der Muskauer Heide (Sachsen).

Fleischfressende Pflanzen

Es gibt fünf verschiedene Arten von fleischfressenden Pflanzen: Fallgrubenfallen, Klebefallen, Klappfallen, Reusenfallen und Saugfallen. Die Pflanzen sind so gefräßig, dass ihnen die Nährstoffe, die sie wie alle anderen Gewächse aus dem Boden und über die Photosynthese beziehen, nicht ausreichen, und sie ihren Speiseplan mit Fliegen, Spinnen und sogar Mäusen ergänzen. Diese *Karnivoren* genannten Pflanzen haben alle eines gemeinsam: Sie locken ihre Opfer mit Duftstoffen in die Falle, wo sie anschließend in einem säureähnlichen Bad zersetzt und verdaut werden. Eine der Faszinierendsten unter ihnen ist die *Venusfliegenfalle*. Sie besteht aus zwei daumengroßen Blättern, die ihr Opfer mit einem Ruck wie zwei Hände beim Beten umschließen. Der *Wasserschlauch* saugt unter Wasser blitzschnell seine Beute an, indem er wie ein Staubsauger Unterdruck erzeugt.

Es gibt sogar Pilze, die mit Schlingfallen oder Klebefäden Fadenwürmer und Rädertierchen erbeuten. Der *Schopftintling*, eine besonders hinterhältige Pilzart, betäubt seine Opfer mit Gift und wächst anschließend in sie hinein. Der klebrige, rubinrote Sonnentau findet sich bei uns oft in Mooren und eignet sich gut für ein Terrarium. Doch Vorsicht: Alle Karnivoren stehen in Mitteleuropa unter Naturschutz. Einige von ihnen kann man aber ganz legal kaufen, darunter auch die Venusfliegenfalle.

Faultier

Diese Tiere verfügen über einen Körperbau, der es ihnen gestattet, sich so wenig wie möglich zu bewegen. Ihre Tatzen sind mit drei sichelförmigen Krallen ausgestattet, die groß genug sind, um mit dem Rücken der Welt zugewandt den größten Teil ihres Lebens hemmungslos faulenzend an Ästen abzuhängen. Die zahnarmen Vegetarier könnten fast auch auf die außerordentliche Beweglichkeit ihres Kopfes verzichten (sie schaffen in jede Richtung fast einen Halbkreis!), da ihre kleinen Augen weit auseinanderliegen und sie, ohne einen Muskel zu viel anspannen zu müssen, nur zwei winzige Lider hochzuheben brauchen, um alles im Blick zu haben. Die Faulpelze ernähren sich von Laub und haben einen Magen, der fast den ganzen Bauchraum einnimmt. Besser so – auf diese Weise ermüden sie nicht durch zu häufiges Fressen. Dieses hängende Phantom zu entdecken, weil es einem zufällig auf den Kopf pinkelt, ist ebenfalls ziemlich unwahrscheinlich: Kot und Urin werden nur einmal in der Woche ausgeschieden. Bewegt wird sich nur, wenn keine Blätter mehr am Baum hängen. Über das Schritttempo lacht sich selbst manche Schnecke schlapp: nicht mehr als 3 Zentimeter pro Sekunde.

Waldfrosch
Dieser braune Bruder des europäischen Grasfrosches, der in den Wäldern Kanadas lebt, ist ein Weltmeister des Winterschlafs. Die tennisballgroße, hüpfende Amphibie übersteht bei einer Umgebungstemperatur von –5°C scheintot bis zu sechs Monate. Herzschlag und Atmung setzen in dieser Zeit vollständig aus. Der Waldfrosch überlebt, weil er vor dem Antritt der Kältestarre den Anteil von Glukose und Harnstoff in seinem Blut derart steigert, dass nur ein Drittel des Körpers einfriert (Glukose ist jener Zucker, den auch wir Menschen hochverdünnt im Blut haben und der unser Gehirn mit Energie versorgt – und der, künstlich hergestellt, hochkonzentriert bei Autos als Frostschutzmittel verwendet wird). Man kann sogar die Eiskristalle unter der Haut erkennen. Und trotzdem taut dieser Frosch im Frühjahr putzmunter wieder auf.

Kakerlake
Ihr Erscheinen bringt Küchenchefs und Hausfrauen zum Schreien, stürzt Mastschweine vor Ekel in eine Fresskrise und lässt den Rest der Welt vor Neid erblassen, was die Vielfalt ihrer Überlebenskünste betrifft. Das bis zu 15 Zen-

timeter lange und 20 Gramm schwere, ungeliebte Krabbeltier verzweifelt nicht, wenn es nichts Vernünftiges zum Fressen gibt – sondern haut sich den chitingepanzerten Ranzen mit Plastik, Seife oder Klebstoff voll. Ist ein Atomkraftwerk leck, verträgt es eine zehnfach höhere radioaktive Strahlendosis als der schlaueste Zweibeiner. Der Mensch überlebt ohne Wasser bei 40 °C gerade mal zwei Tage, die Kakerlake eine Woche. Sie kann so viel Blut verlieren wie kein anderes Lebewesen, ohne zu sterben (ihr Blut ist eitrig weiß). Und sie handelt selbst ohne Kopf noch eine ganze Weile nicht kopflos, weil Gehirn und zentrales Nervensystem im ganzen Körper verteilt sind. Kakerlaken atmen auch nicht nur durch den Mund, sondern über viele kleine Öffnungen im ganzen Körper. Sie brauchen weder Echolot noch Barometer, weil sie selber Schallwellen und veränderten Luftdruck wahrnehmen können. Zudem sind sie mit ihrer flachen Form perfekt an die vielen Spalten und Ritzen angepasst, die sich auf dem Weg zwischen der stinkenden, warmen Kanalisation, Abwasserrohren, Lüftungsschächten, Heizungskellern und der Müllentsorgung finden. Dreck ist ihr Paradies: Gräbt man auf einer Müllhalde einen Würfel von 1 Meter Kantenlänge aus, finden sich in ihm rund 10.000 Kakerlaken. Trotzdem ist es schwierig, eine Kakerlake zu erwischen. Selbst über glatte Küchenkacheln sprintet sie dank Saugnäpfchen an den Füßen mit einer Geschwindigkeit von 1,3 Metern pro Sekunde. Ebenso wenig reicht es, einfach auf sie zu treten, wenn man Kakerlaken in Briefmarkenstärke bevorzugt: Dazu braucht es Entschiedenheit – und eine harte Schuhsohle.

Opossum

Es gibt ein Tier, das wie eine Mischung aus Ratte und Känguru aussieht, durch nordamerikanische Wälder zottelt, bis zu einem halben Meter groß wird und viel zu lahm ist, um in der vor Fleischfressern übervollen Welt überleben zu können: das Opossum. So plump es wirkt, so schlau ist es: Es überlebt, weil es sich tot stellt. Wenn es bei nahender Gefahr merkt, dass das letzte Stündlein bis auf wenige Sekunden abgelaufen ist, lässt es sich auf den Boden fallen, die Zunge schlaff aus dem Mund hängen und spielt totes Opossum. Mit fast stillstehender Atmung und fast ausgesetztem Herzschlag macht es dies so überzeugend, dass es sich zu den ältesten Säugetieren der Welt zählen darf.

WIE ALLES ANFING

14 Milliarden Jahre im Zeitraffer

Es gibt einen wunderbaren Weg, besser zu verstehen, wie groß die zeitlichen Abstände vom Urknall vor 14 Milliarden Jahren bis zu dem Zeitpunkt sind, an dem die ersten Zweibeiner auf der Erde herumzustolpern begannen. Du musst nichts weiter tun, als dir vorzustellen, die Geschichte vom Urknall bis heute würde im Zeitraffer auf ein Erdenjahr zusammengequetscht. Das sähe dann folgendermaßen aus:

1. Januar		
	00:00 Uhr	Urknall
1. Mai		Entstehung der Milchstraße
9. September		Entstehung des Sonnensystems
14. September		Entstehung der Erde
25. September		der erste Einzeller
12. November		die ersten Wasserpflanzen
17. Dezember		die ersten Wirbeltiere
18. Dezember		die ersten Landpflanzen
24. Dezember		Dinosaurier
25. Dezember		Vögel
29. Dezember		Dinosaurier sterben aus
31. Dezember		
	13:30 Uhr	Die ersten Menschen
	23:59:50 Uhr	Christi Geburt
	23:59:59 Uhr	Erfindung des Autos

Die größte Explosion aller Zeiten

Wie heißt die größte Explosion aller Zeiten? Urknall! So bezeichnen Astronomen den Moment, in dem das Universum entstanden ist. Der Urknall, auch *Big Bang* genannt (englisch für: großer Knall), brachte die gesamte Materie des Universums hervor, aus der später auch Sonne, Mond und Sterne, die Menschen, Dinosaurier und alles andere entstanden. Der Urknall hat vor 14 Milliarden Jahren stattgefunden. Die Forscher kamen dem Urknall auf die Spur, weil sie feststellten, dass alle Sterne im Universum sich vom selben Punkt fortbewegen. Woher die Materie kam und was vor dem Urknall war, ist hingegen selbst unter den schlauesten Wissenschaftlern noch immer heiß umstritten.

Wie ein Stern entsteht

Körper ziehen sich gegenseitig an, wenn sie nahe genug beieinander sind, wegen der Schwerkraft, die jeder Körper durch seine Masse auf andere Körper ausübt (dieser Kraft verdankst du auch, dass du fest auf der Erde stehst und nach einem Sprung in die Höhe nicht ins All abschwirrst, sondern wieder auf dem Boden landest). Durch die Schwerkraft formten sich nach dem Urknall aus der Stoffwolke, die sich nach der Explosion ausdehnte, im All auch die ersten Sterne.
Und so geht's: Erst klumpen ein paar kleine Krümelchen Staub und Gas zusammen, dann immer mehr. Mit der Größe des Klumpens, der sich zu drehen beginnt, nimmt auch seine Anziehungskraft zu. Der Klumpen zieht immer größere Mengen Materie an, wird immer heißer und dichter und schließlich so groß und heiß und dicht, dass die

kleinsten Materieteilchen, Atome genannt, miteinander verschmelzen: Ein neuer Stern ist geboren. Das Feuer, das bei der Verschmelzung der Atomkerne entsteht und bei unserer Sonne (Sonne und Stern sind das Gleiche) 15 Millionen Grad heiß ist, kann Milliarden von Jahren andauern. Die Sterne, die wir nachts am Himmel sehen, sind nach diesem Prinzip entstanden.

Wie Planeten entstehen

Planeten entstehen aus derselben Staub- und Gaswolke, aus der auch ihre Sonne entsteht. Sie sind gerade weit genug weg, um nicht von der Sonne aufgesogen zu werden, und nahe genug, um in ihrem Anziehungsfeld zu bleiben, und sausen auf mehr oder weniger runden Bahnen um sie herum. Bei ihnen reicht die Masse aber nicht aus, um wie bei einem Stern Atome im Innern miteinander verschmelzen zu lassen und ein eigenes Feuer zu entfachen. Planeten leuchten also nicht von selbst. Wenn wir sie nachts trotzdem hell am Himmel strahlen sehen, dann nur deswegen, weil sie das Licht unserer Sonne reflektieren und uns im Vergleich zu den Sternen milliardenfach näher sind. Aus dem gleichen Grund »scheint« auch der Mond.

Was ist eine Galaxie?

Als Galaxie bezeichnet man eine gigantische Ansammlung von Sternen, die in Form zweier an der Unterseite zusammengeklebter Spiegeleier um einen gemeinsamen Mittelpunkt kreisen. In unserer Galaxie, die wir Milchstraße nennen und am Himmel mit bloßem Auge zu einem kleinen Teil als milchigen Streifen sehen können, gibt es rund 100 Milliarden Sonnen. Im Universum wiederum gibt es Millionen von anderen Galaxien. Die größte Nachbargalaxie heißt M 31, sieht aus wie ein Spiralnebel und ist im Sternbild Andromeda zu finden, weshalb sie auch Andromeda-Nebel genannt wird. Sie ist ziemlich weit weg, aber auch ziemlich groß und kann daher sogar schon mit einem guten Fernglas beobachtet werden.

Was ist ein Lichtjahr?

Ein Lichtjahr ist die Entfernung, die das Licht in einem Jahr zurücklegt. Es sieht zwar so aus, als wenn Licht sofort überall ist, wenn eine Lichtquelle zu leuchten beginnt. Das scheint aber nur so, weil die Geschwindigkeit, mit der die Lichtpartikel (Photonen) reisen, hoch ist und die Entfernungen auf der Erde im Vergleich dazu lächerlich klein. Astronomen haben diese Maßeinheit gewählt, weil die Entfernungen im All so unvorstellbar groß sind, dass es keinen Sinn macht, die Zahlen in Kilometern auszudrücken. Die Geschwindigkeit des Lichts kann man ganz genau messen. Es legt rund 300.000 Kilometer pro Sekunde zurück. Knipste jemand den Mond aus, bemerkten wir das erst etwas mehr als eine Sekunde später. Bei der Sonne dauerte es hingegen schon vier Minuten. Und wenn jemand die Milliarden Sonnen unserer Nachbar-Galaxie, dem Andromeda-Nebel, ausknipsen könnte, würden wir das erst 2,5 Millionen Jahre später merken, da das Licht von dort so lange unterwegs ist.

Die hellsten Gestirne am Himmel

Von der Erde aus gesehen ist der Sirius im Sternbild Großer Hund der hellste Stern. Er dominiert den Winterhimmel in unseren Breiten, ist knapp 9 Lichtjahre von uns entfernt und fast zweimal so groß wie unsere Sonne. Im selben Sternbild befindet sich auch Canis Majoris. Diese Sonne ist ungefähr 2000-mal größer als unsere und damit der größte, von der Erde aus beobachtbare Stern. Weil Canis Majoris jedoch nicht knapp 9, sondern 5000 Lichtjahre von uns entfernt ist, erscheint er uns kleiner als der Sirius. Dennoch gibt es fünf weitere Gestirne, die tausendfach kleiner als der Sirius sind, nicht mal von selbst leuchten und an unserem Himmel trotzdem heller scheinen: Die Planeten Mars, Venus, Jupiter, Saturn und auch der Merkur, wenn er der Erde ganz nahe ist. Die Venus ist nach Sonne und Mond das hellste Gestirn am Himmel.

Schwarze Löcher

Als Schwarzes Loch bezeichnet man einen Stern, der nach einer Explosion zu einem extrem dichten Masseklumpen in sich zusammengefallen ist. Diese Sterne sind so dicht, dass unsere Sonne, wollte sie ein Schwarzes Loch sein, von ihren 1,4 Millionen Kilometern Durchmesser auf ein Kügelchen von 6 Kilometern schrumpfen müsste.

Unser Sonnensystem

Mit diesem Namen sind unsere Sonne und die acht Planeten gemeint, die um sie kreisen. Von der Sonne nach außen sind dies Merkur, Venus, Erde, Mars, Jupiter, Saturn, Uranus und Neptun. Bis vor kurzem waren es noch neun,

aber die Astronomen zählen den kleinen Pluto, der kleiner als unser Mond ist, nicht mehr dazu. Die Planeten von Merkur bis Mars sind feste Planeten, jene von Saturn bis Neptun Gasplaneten, die keine feste Oberfläche haben. Mit Ausnahme der Erde könnten Menschen aber auch auf den anderen festen Planeten nicht leben, da die Atmosphäre entweder giftig oder nicht vorhanden ist.
Um die Dimension deutlicher zu machen, stell dir vor, die Sonne wäre ein 1,40 Meter großer Ball – etwa so hoch also wie ein neun- bis zehnjähriger Junge. Die Erde hätte im Vergleich dazu nur noch die Größe einer Murmel – und wäre selbst in diesem verkleinerten Maßstab noch immer 150 Meter von der geschrumpften Sonne entfernt!
Unser Mini-Sonnensystem sähe in diesem Maßstab wie folgt aus:

	Größe	*Entfernung zur Sonne*
Merkur	Erbse	58 Meter
Venus	Murmel	108 Meter
Erde	Murmel	150 Meter
Mars	vollgesogene Zecke	230 Meter
Jupiter	große Pampelmuse	780 Meter
Saturn	Orange	1400 Meter
Uranus	Mandarine	2900 Meter
Neptun	Mandarine	4500 Meter

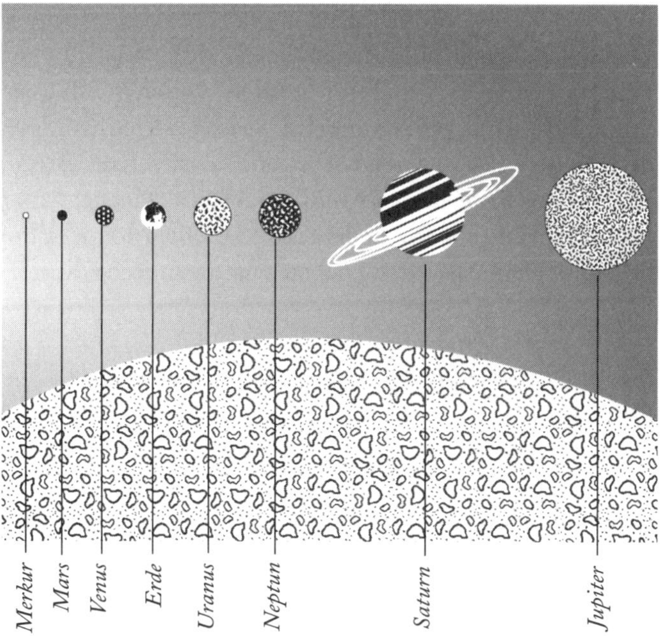

Besondere Planeten

Venus

Fast so groß wie die Erde und doch der lebensfeindlichste Planet unseres Sonnensystems. Die Atmosphäre ist eine brodelnde Giftsuppe, die aus 500 °C heißen Kohlendioxid- und Stickstoffdämpfen besteht, in der es schwefelsäurehaltigen Dauerregen gibt und einen Druck, der bei uns dem in einer Wassertiefe von 900 Metern entspricht. Die Venus nähert sich der Erde von allen anderen Planeten am meisten an – und zwar wenn sie exakt auf einer Linie zwischen Sonne und Erde steht. Nach Sonne und Mond ist sie deshalb auch der dritthellste Himmelskörper – und manchmal sogar tagsüber zu sehen.

Mars
Der erdähnlichste aller sieben Geschwister der Erde und halb so groß wie sie. Temperaturen zwischen –130 °C und 30 °C. Polkappen unter Eis. Geschmolzen würde es den Mars bis 100 Meter tief unter Wasser setzen. Atmosphäre aus Kohlendioxid und Stickstoff. Marstag: 24,6 Stunden, Marsjahr 687 Erdentage. Hat zwei Monde (Phobos und Deimos), die aussehen wie gigantische Kartoffeln.

Jupiter
Größter Planet unseres Sonnensystems, Durchmesser (143.000 km) ein Zehntel jenes der Sonne. Gasplanet, besteht aus Wasserstoff und Helium. Seine Oberfläche besteht aus mehreren großen, verschiedenfarbigen Wolkenbändern, die sich in gegensätzlichen Richtungen bewegen. Seit 300 Jahren beobachten Astronomen in diesen Wolkenbändern den mysteriösen »Roten Fleck«, der mit 25.000 Kilometer Durchmesser zweimal so breit wie die Erde und größter Wirbelsturm des Sonnensystems ist. Ihn umkreisen mehr als 60 Monde, von denen die vier größten schon mit dem Fernglas zu sehen sind. Sie bewegen sich so schnell, dass man sie mit etwas Glüsk sogar hinter dem Planeten plötzlich verschwinden oder wiederauftauchen sehen kann.

Saturn
Zweitgrößter Planet, dem Jupiter ähnlich. Von riesigem Ringsystem umgeben, in dem Milliarden von hochhausgroßen Eis- und Felsblöcken um den Planeten kreisen. 60 Monde. Über seinem Nordpol hält sich ein gigantisches Sechseck von mehr als 20.000 Kilometer Durchmesser, um das Ammoniakwolken kreisen.

Der Mond

Der Begleiter der Erde ist keineswegs so unbedeutend, wie er scheint. Mit einem Durchmesser von 3.500 Kilometern ist er etwas größer als ein Viertel der Erde und nah genug (384.000 km), dass auch die Erde unter dem Einfluss seiner Schwerkraft (Gravitation) steht. Nicht nur die Erde zieht den Mond an, sondern auch der Mond die Erde, wenn auch nur ganz leicht. Das Gravitationsfeld des Mondes, der in 28 Tagen einmal die Erde umkreist, hat auf sie einen stabilisierenden Einfluss: Ohne ihn würde sie sich nicht ruhig um ihre eigene Achse drehen, sondern heftig schlingern wie ein Kreisel kurz vorm Umkippen. Das hätte nicht nur katastrophale Folgen für das Wetter auf der Erde, sondern vermutlich auch die Entstehung von Leben verhindert.

Ebbe und Flut

Klingt verrückt, stimmt aber: Ohne den Mond gäbe es die Gezeiten nicht! Das Gravitationsfeld des Mondes reicht aus, um das Wasser unserer Ozeane auf der ihm zugewandten Seite um einige Meter anzuheben, was wir als Flut wahrnehmen. Auf der mondabgewandten Seite hingegen wirken die Fliehkräfte an den Ozeanen, die durch die Drehung der Erde entstehen. Da genau zwischen den beiden Wellenbergen natürlich Wasser fehlt, entstehen dort zwei Wellentäler, die wir als Ebbe wahrnehmen. Weil die Erde sich in 24 Stunden einmal um sich selbst und in etwa der gleichen Zeit auch vor dem Mond dreht, beträgt der Wechsel zwischen Ebbe und Flut rund sechs Stunden. Der Höhenunterschied zwischen Ebbe und Flut, Tidenhub genannt, hängt unter anderem ab von der Größe des Meeres und seiner Lage zum Mond. Je größer das Meer und je näher der Mond, desto größer der Tidenhub. In der Ostsee beträgt er in der Regel bis 30 Zentimeter, in der Nordsee bis 3 Meter, im Atlantik bis zu 15 Meter. Die Gravitationskraft der Sonne verstärkt den Tidenhub. Steht sie von uns aus gesehen hinter dem Mond, gibt es eine Springflut. Das Gegenteil heißt Nippflut (Mond steht auf sonnenabgewandter Erdseite).

Der Mond ist auch für die verrückteste Wellenreit-Disziplin der Welt verantwortlich: Langstrecken-flussaufwärts-Surfen. In die Mündung des englischen Flusses Severn Bore drückt die Springflut eine bis zu 2 Meter hohe Welle, auf deren Kamm sich Wellenreiter mehr als 10 Kilometer landeinwärts tragen lassen.

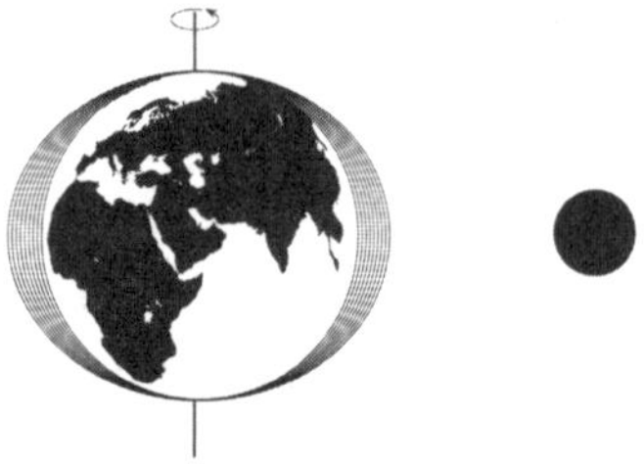

Mond- und Sonnenfinsternis

Bei einer Mondfinsternis schiebt sich die Erde genau zwischen Sonne und Mond und dunkelt mit ihrem Schatten den Mond für ein paar Stunden fast völlig ab. Bei einer Sonnenfinsternis schiebt sich der Mond genau zwischen Erde und Sonne. Die totale Sonnenfinsternis ist allerdings immer nur auf einem kleinen Teil der Erdoberfläche zu sehen, da der Mond zu klein ist, um mit seinem Schatten die gesamte Erde abzudunkeln.

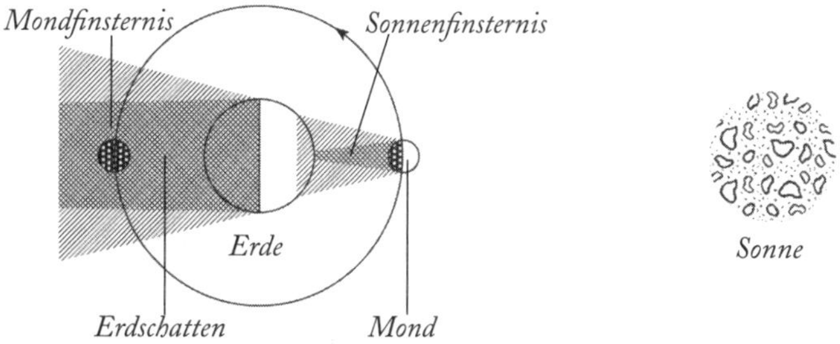

Warum gibt es Jahreszeiten?

Stell dir vor, die Erde wäre ein Wollknäuel, und die gedachte Erdachse zwischen Nord- und Südpol, um die sich die Erde in 24 Stunden einmal dreht, eine Stricknadel, die mitten durch das Knäuel geht. Wenn du die Erde um ihre Achse drehst, die du senkrecht hältst, und dabei im Kreis um eine Kerze herumführst, die die Sonne darstellt, wird jeder Punkt der Oberfläche im Verlauf eines Tages stets gleich beschienen, egal, wo sich das Knäuel auf dem Weg um die Kerze befindet. In diesem Fall gäbe es auf der Erde keine Jahreszeiten. Am Äquator wäre es immer am heißesten, da die Sonne hier jeden Tag senkrecht auf die Erde schiene, während es an den beiden Polen extrem kalt wäre, da die Sonne sich nur wenig über den Horizont erheben und ihre Strahlen fast parallel an der Oberfläche vorbeigingen.

Erstens aber steht die Erdachse auf der Bahn um die Sonne nicht senkrecht, sondern ist leicht gekippt (23,5 Grad; der Winkel wird Ekliptik genannt). Und zweitens zeigt diese gekippte Erdachse unabhängig von ihrem 365 Tage dauernden Weg um die Sonne immer in dieselbe Richtung. Am 21. Juni zeigt der geneigte Nordpol exakt in Richtung Sonne, der Südpol exakt von ihr weg. Der Einfallswinkel den Sonnenstrahlen ändert sich also ständig,

und mit ihm die Intensität der Sonnenstrahlen und ihre Dauer, was ausschlaggebend für den Wechsel der Jahreszeiten ist.
Um den 21. Juni herum geht die Sonne am Nordpol nie unter, am Südpol geht sie nie auf. Und sie strahlt an keinem anderen Tag des Jahres auf der Nordhalbkugel länger und höher und damit intensiver vom Himmel. Daher beginnt am 21. Juni bei uns der kalendarische Sommer, während auf der Südhalbkugel der Winter beginnt. Am 23. Dezember ist es genau umgekehrt. Nur am 21. März und 21. September, dem Frühlings- und Herbstanfang, ist die Tages- und Nachtlänge auf der Nord- und Südhalbkugel identisch, weil die gekippte Erdachse exakt seitlich zur Sonne steht. Die genauen Daten für die Jahreszeitenanfänge verschieben sich manchmal um bis zu zwei Tage.

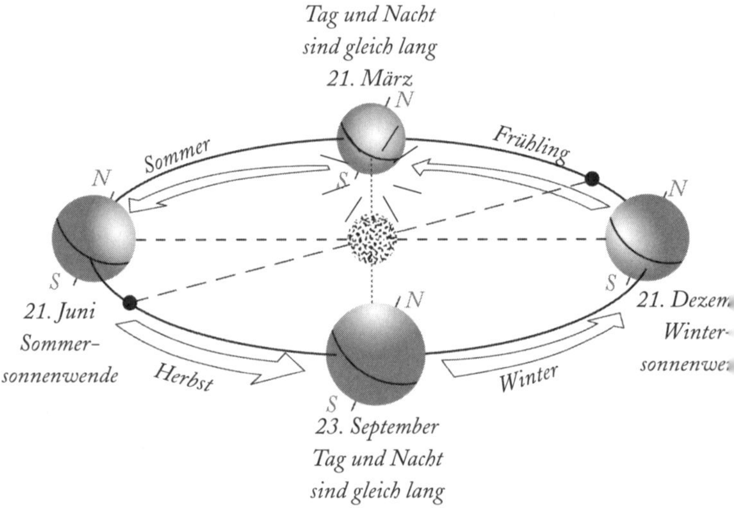

Kometen, Meteore, Meteoriten

Kometen sind bis zu 100 Kilometer große, mit Staub verschmutzte Eisbälle, die um die Sonne kreisen, aus der Zeit der Planetenentstehung stammen und einen Schweif aus leuchtendem Gas hinter sich herziehen, wenn sie sich der Sonne nähern. Der Schweif kann dreimal so lang sein wie die Entfernung Erde–Mond und ist wie der Komet selbst, dessen obere Schichten verdampfen, mit bloßem Auge zu erkennen.

Meteore sind staubkorngroße Metall- oder Gesteinskörner, die zu Zehntausenden jeden Tag auf die Erde niedergehen. Es gibt sie überall im Sonnensystem. Sie sind so klein, dass sie beim Eintritt in die Erdatmosphäre durch die hohe Reibungstemperatur komplett verglühen. Die etwas größeren Körner sehen wir als Sternschnuppen am Himmel.

Meteoriten hingegen sind zu groß, um komplett zu verglühen, und schlagen auf der Erde auf. Sie stammen in der Regel aus dem Asteroidengürtel – einem locker gestreuten Feld zahlloser Gesteinsbrocken (einige sind mehrere 100 km groß), der zwischen Mars und Jupiter einen Ring um die Sonne bildet. Asteroiden sind Reste zusammengestoßener Himmelskörper, deren Masse zur Planetenbildung nicht ausgereicht hat. Der größte bekannte Einschlagkrater eines Meteoriten auf der Erde misst an der breitesten Stelle 320 Kilometer und ging vor zwei bis drei Milliarden Jahren in Südafrika nieder.

RAUMFAHRT

Technische und menschliche Rekorde im All

- Oktober 1957: Die Russen schießen mit einer Rakete *Sputnik 1*, den ersten Satelliten, in eine Umlaufbahn um die Erde
- August 1960: *Sputnik 5* bringt die Hunde *Strelka* und *Belka* ins All und wieder sicher zur Erde zurück
- April 1961: Der Russe Juri Gagarin fliegt mit *Wostok 1* als erster Mensch ins Weltall und landet nach knapp zwei Stunden und einer kompletten Erdumrundung wieder sicher auf russischem Boden
- März 1965: Der Russe Alexander Leonow ist der erste Mensch, der einen Weltraumspaziergang macht
- Februar 1966: Den Russen gelingt mit *Luna 9* die erste weiche Landung einer unbemannten Weltraumsonde auf dem Mond
- Dezember 1968: Die Amerikaner Frank Borman, James Lovell und William Anders umrunden mit der Raumkapsel *Apollo 8* als erste Menschen den Mond
- Juli 1969: Neil Armstrong betritt als erster Mensch den Mond. Armstrong, Edwin Aldrin und Michael Collins kehren mit *Apollo 11* neun Tage nach dem Start sicher zur Erde zurück
- August 1970: Die russische Sonde *Verena 7* landet auf unserem inneren Nachbarplaneten Venus
- Mai 1973: Die Amerikaner schießen *Skylab*, die erste Raumstation, in eine Erdumlaufbahn
- Juli 1976: Die Amerikaner landen mit *Viking 1* die erste Raumsonde auf unserem äußeren Nachbarplaneten Mars, die Bodenbilder vom Roten Planeten sendet

- April 1981: Das amerikanische Space Shuttle *Columbia* absolviert als erstes wieder verwendbares Raumschiff ihren Jungfernflug
- November 2000: Die im All montierte Internationale Raumstation ISS, der größte Satellit aller Zeiten, ist nun ständig mit bis zu 8 Astronauten besetzt. Die ISS besitzt sechs Forschungslabors, ist so groß wie ein Fußballfeld und kreist in rund 400 Kilometer Höhe alle 92 Minuten einmal um die Erde. Sie wird inzwischen von unbemannten Raumtransportern mit Lebensmitteln, Wasser, Sauerstoff und Material versorgt
- Juni 2004: In der kalifornischen Mojave-Wüste gelingt einem amerikanischen Konstruktionsteam mit dem Kohlefaser-Raumschiff *SpaceShipOne* der erste private Flug ins All

Voyager 1

Die Raumsonde *Voyager 1* ist mit mehr als 17 Milliarden Kilometer Abstand das am weitesten von der Erde entfernte Objekt, das von Menschenhand geschaffen wurde. Sie wurde 1977 vom US-Weltraumbahnhof Cape Canaveral zu einer Jupitermission geschickt, sollte ursprünglich nur fünf Jahre funktionieren und hat Zehntausende Fotos der äußeren Planeten zur Erde gefunkt. Der Kontakt könnte noch 10 Jahre halten, wenn *Voyager* weit über die Grenze des Sonnensystems mit 63.000 km/h hinausgeschossen ist. Vielleicht reicht die Zeit ja, damit Aliens die Grußbotschaft an Bord der Sonde finden: Eine goldene Schallplatte mit Musik, Geräuschen und Bildern von der Erde.

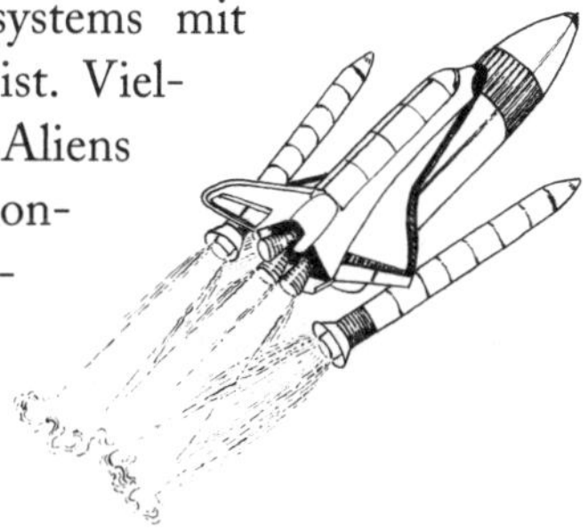

Unfälle und Tragödien der Raumfahrt

Laika

Laika war das erste irdische Lebewesen im All – und hat damit Raumfahrtgeschichte geschrieben. Hinter dem hübschen Namen verbirgt sich eine ebenso hübsche dreijährige Hündin, die auf den Straßen Moskaus aufgegriffen worden war. Die Russen setzten die Husky-Terrier-Mischung im November 1957 in die *Sputnik-2-Kapsel*, um die Auswirkungen der Raumfahrt auf Lebewesen zu testen. Sie wurden weltweit heftig kritisiert, als sie nach dem Start angaben, dass eine Rückkehr von Laika nicht vorgesehen war. So zogen es die Russen vor, die Öffentlichkeit anzulügen, und erklärten, Laika sei acht Tage nach dem Start per Funksignal schmerzlos eingeschläfert worden. Es dauerte fast ein halbes Jahrhundert, bis die Wahrheit herauskam: Laika war schon wenige Stunden nach dem Start an Stress und Hitze gestorben – wie viele andere Hunde, Katzen, Affen, Schildkröten, Mäuse und Hasen auf dem Weg ins All vor und nach ihr.

Sojus 1

Nach dem Wiedereintritt der Raumkapsel *Sojus 1* am 24. April 1967 in die Erdatmosphäre öffnet sich der Hauptschirm nicht. Beim Aufprall der Kapsel stirbt ein Kosmonaut (so nennen die Russen ihre Raumfahrer).

Sojus 11

Drei Kosmonauten ersticken am 26. Juni 1971 beim Wiedereintritt der Raumkapsel in die Erdatmosphäre, weil durch einen technischen Defekt ein Frischluftventil geöffnet wurde, als die Raumkapsel noch im Weltraum war.

Challenger
Am 28. Januar 1986 bricht die US-Raumfähre 73 Sekunden nach dem Start auseinander. Sieben Astronauten sterben.

Columbia
Das amerikanische Space Shuttle bricht am 1. Februar 2003 beim Wiedereintritt in die Atmosphäre wegen einer beim Start erfolgten Beschädigung des Hitzeschildes auseinander. Sieben Astronauten sterben.

Die zweite Erde

Der erste Planet außerhalb unseres Sonnensystems, von dem die Astronomen glauben, er könnte der Erde so ähnlich sein, dass wir auf ihm leben könnten, heißt Gliese 581c und liegt rund 20 Lichtjahre von uns entfernt. Er wurde 2007 von dem Schweizer Astronomen Stephane Udry entdeckt.

Blick in die Zukunft

Als am 20. Juli 1969 der erste Mensch den Mond betrat, was vorher niemand je für möglich gehalten hatte, sah es so aus, als wäre die Eroberung des Weltraums ein Kinderspiel. Inzwischen sind 40 Jahre vergangen. Doch obgleich eine Reise zum roten Nachbarplaneten mit einer Mondrakete »nur« rund neun Monate dauern würde, hat es der Mensch bislang lediglich geschafft, ein 65 Zentimeter kleines Elektroauto zum Mars zu schicken, der wie ein riesiger, runder Sand-Tennisplatz aussieht. Und daran wird sich in absehbarer Zukunft vermutlich wenig ändern: Unsere Raumschiffe sind zu lahm für diese Reisen und zu klein, um ausreichend Treibstoff und Proviant mitzunehmen. Selbst der nächste Nachbarstern zur Sonne scheint noch immer unerreichbar: Proxima Centauri. Er ist etwas mehr als vier Lichtjahre von uns entfernt. Vier Lichtjahre entsprechen 38 Billionen Kilometern, eine Zahl mit 14 Stellen. Mit der Mondrakete, die 29.000 km/h schafft, dauerte die Reise 160.000 Jahre. Mit einem Ferrari – bei 300 km/h nichts weiter als galaktische Schnecke – würde die Reise 15,4 Millionen Jahre dauern.

VULKANE, GLETSCHER, KONTINENTE

Die Erde im Innern

Wer mit dem Hintern auf die Erde fällt, kann sich kaum vorstellen, dass sie größtenteils flüssig ist – und heiß. Die Erdkruste ist unter dem Festland im Durchschnitt nicht dicker als 40 Kilometer, unter den Ozeanen nirgendwo dicker als 10 Kilometer. Ziemlich wenig, wenn man bedenkt, dass es von der Oberfläche bis zum Mittelpunkt der Erde fast 6.400 Kilometer sind. Die Kruste schwimmt auf dem Erdmantel, der aus zähflüssigem Magma besteht und 2.900 Kilometer tief reicht. Der Erdkern besteht aus einem äußeren flüssigen und einem inneren festen, metallischen Teil. Die Erdkruste ist also nicht dicker, als es die Schale eines runden, pampelmusengroßen Hühnereis wäre.

Super-Kontinente

Bevor die Erde so aussah, wie wir sie heute mit ihren sieben großen und 20 kleinen Kontinentalplatten kennen, gab es Super-Kontinente, die eine einzige, geschlossene Landmasse bildeten, bevor sie wieder in Einzelkontinente zerfiel.
Der letzte dieser großen Ur-Kontinente wird *Pangäa* genannt. Er existierte vom Erdzeitalter Karbon bis Jura, einer Zeit vor 300 bis 150 Millionen Jahren – genau in der Zeit, als sich die Dinosaurier auf der Erde entwickelten.

Wie Vulkane entstehen

Wenn beim Kartoffelkochen der Topf überläuft, weil zum Beispiel die Köchin am Telefon quatscht und vergessen hat, den Deckel rechtzeitig abzunehmen, ist dies in etwa das Prinzip, das einen Vulkan entstehen lässt: Wo hoher Druck herrscht, weil etwas brodelt, bahnt es sich den leichtesten Weg ins Freie. Im Fall der Erdkruste sind es zunächst feine Risse, die sich durch die Bewegungen der Kontinentalplatten auf dem flüssigen Erdmantel (Plattentektonik) bilden. Da der Druck hoch ist, dringt das Magma in den Rissen langsam nach oben. Je höher es steigt, desto größer wird der Druck, denn auf dem Weg nach oben werden Gase und Wasser im Gestein löst. Wird der Druck zu groß, platzt die Erdoberfläche, manchmal mit gigantischen Explosionen. Das Magma quillt als Lava rund 1.100 °C heiß an die Oberfläche, kühlt an den Seiten der Öffnung ab und kann schon in wenigen Stunden zu einem Vulkan wachsen. Nach dem Ende eines Ausbruchs unterscheidet man zwischen erloschenen und untätigen Vulkanen. Die erloschenen sind vollständig erkaltet, die untätigen »schlafen« nur, weil sich unter ihnen noch immer heißes Magma befindet. Und wo Vulkane aktiv sind, bebt meistens auch die Erde.

Der gefährlichste Vulkan der Welt

Das Sonderbarste am größten Vulkan der Welt ist, dass man ihn nicht sehen kann. Nur Geysire und heiße Quellen weisen darauf hin, dass es in der Erde unter dem Yellowstone-Nationalpark in Wyoming (USA) brodelt. Dieser Supervulkan besteht aus einer Magmakammer, die 60 Kilometer lang, 40 Kilometer breit und 10 Kilometer hoch ist und an einigen Stellen nur 8 Kilometer unter unseren Füßen blubbert. Das letzte Mal brach er vor 640.000 Jahren aus, hinterließ ein Loch, das etwa so groß wie eine halbe Million Fußballfelder war, und führte zu einer globalen Klimakatastrophe. Wissenschaftler rechnen damit, dass ein neuer Ausbruch nicht mehr lange auf sich warten lässt.

Wie Gletscher entstehen

Gletscher entstehen in Regionen, in denen im Jahr mehr Schnee fällt als schmilzt. Durch wiederholtes Auftauen und Frieren oder eine wachsende Schneedecke wird aus den flockigen Schneekristallen stumpfer, schwerer Firnschnee. Der zunehmende Druck presst aus den Schneekristallen die Luft heraus, bis aus ihnen blankes Gletschereis wird. Das Eis bleibt, soweit es nicht von allen Seiten eingeschlossen ist, nicht still liegen: Es gibt dem Gewicht langsam nach und bewegt sich seitlich und nach unten. Die Fließgeschwindigkeit hängt von der Eismasse und dem Geländegefälle ab und kann mehrere Dutzend Meter pro Tag betragen. Beim Kutiah-Gletscher in Pakistan wurde 1953 für drei Monate eine Rekordgeschwindigkeit von 112 Metern gemessen.

NATURKATASTROPHEN

Erdbeben

Durch die Bewegungen des flüssigen Erdmantels werden die Kontinentalplatten um bis zu 10 Zentimeter pro Jahr verschoben. Sie stehen ständig unter Druck, der sich bisweilen ruckartig durch Verschiebungen von großen Gesteinsplatten entlädt – die Erde bebt.
Oft werden große Verschiebungen von Vulkanausbrüchen begleitet, vor allem dort, wo sich die Platten überlappen. Stehen in solchen Gebieten Städte, kann es zu furchtbaren Zerstörungen kommen, wie schon oft geschehen in Süditalien, Griechenland, an der Westküste Nord- und Südamerikas oder in Japan und China, wo 1976 in der Stadt Tangshan bei Peking 240.000 Menschen bei einem Beben starben. Bei dem Beben im Mai 2008 in der Provinz Sichuan starben rund 70.000 Menschen. Auch in Europa gibt es immer wieder hohe Opferzahlen: In der sizilianischen Hafenstadt Messina kamen 1908 nach einem Vulkanausbruch des Ätna und einem ihm folgenden Tsunami 75.000 Menschen ums Leben. Ein Erdbeben in den peruanischen Anden hatte 1970 gigantische Felsmassen im Gipfelbereich des fast 7.000 Meter hohen Nevado Huascaran abbrechen lassen. Das Gestein rutsche zwei Flanken des Berges hinunter, stieg als Geröll- und Schlammlawine Gegenhänge hinauf und radierte dahinter mehrere Kilometer entfernt zwei Städte komplett von der Landkarte. 70.000 Menschen starben.

Vulkanausbrüche

Die beiden stärksten Ausbrüche der Neuzeit gab es in Indonesien – der Tambora im Jahr 1815 und der Krakatau 1883. Beide Vulkane explodierten vollständig und schleuderten unvorstellbare Mengen Asche und Lava 80 Kilometer hoch in die Atmosphäre.
Die Explosion der Vulkaninsel Krakatau war noch in 5.000 Kilometer Entfernung zu hören, die atmosphärischen Schockwellen jagten um die ganze Erde. Nachdem sich die Magmakammer unter dem Krakatau entleert hatte, brach die Decke ein, im Meerboden klaffte plötzlich ein höllisches Loch. Das schlagartig nachströmende Wasser verursachte eine Flutwelle von 40 Meter Höhe, der Ascheregen und Glutwolken (sogenannte pyroklastische Ströme) folgten, die 165 umliegende Ortschaften zerstörten und fast 40.000 Menschen töteten.
In Europa gilt der Vesuv bei Neapel als gefährlichster Vulkan. Vulkanologen sind sicher, dass ein neuer Ausbruch bald bevorsteht. Mittlerweile kennt die Wissenschaft viele Methoden, um Erdbeben und Vulkanausbrüche relativ gut vorherzusagen. Von einer totalen Kontrolle aber sind die Forscher weit entfernt.

Monsterwellen

Als Monsterwellen bezeichnen Seefahrer schlagartig entstehende Riesenwellen, die sich wie ein Ungeheuer plötzlich bis zu 40 Meter und höher auf dem offenen Meer erheben und große Schiffe wie Spielzeugboote mit einem Schlag versenken können. Diese anomalen Wellenberge entstehen vor allem dort, wo Wind in Orkanstärke auf gewaltige, entgegengesetzt verlaufende Meeresströmungen trifft, zum Beispiel am Algulhas-Strom vor der Ostküste Südafrikas und im Nord- und Südatlantik. Selbst in der Nordsee wurden inzwischen Einzelwellen mit einer Höhe von mehr als 25 Meter nachgewiesen – weit mehr als doppelt so hoch wie die höchsten Wellen, mit denen Kapitäne bei einem normalen Orkan rechnen müssen (Windstärke 12 und höher).

Es gibt drei Typen: Den *Kaventsmann*, eine spontane Einzelwelle, die *Drei Schwestern*, drei kurz aufeinanderfolgende Monsterwellen und die *Weiße Wand*, die bis zu 10 Kilometer breit werden, summend übers Meer rasen kann und ihren Namen der Tatsache verdankt, dass sie so steil wie eine Wand ist, von deren Kamm Gischt wie ein weißer Vorhang hinuntertropft.

Tsunamis

Tsunamis (japanisch für Hafenwelle) entstehen durch Erdbeben auf dem Meeresgrund. Die schlagartige Verschiebung des Meeresbodens setzt gigantische Wassermengen in Bewegung, die sich mit Geschwindigkeiten von bis zu 800 km/h (so schnell wie ein Linienflugzeug) kreisförmig ausbreiten und Tausende Kilometer über die Ozeane wandern können. Auf dem offenen Meer werden sie kaum wahrgenommen, da die entstehenden Wellenberge meist weniger als einen Meter hoch sind. Ihre tödliche Zerstörungskraft entfalten sie, wenn sie sich durch den ansteigenden Meeresboden kurz vor der Küste meterhoch aufbäumen und in flachen Küstenregionen kilometerweit alles zerstören, was sich ihnen in den Weg stellt.

Der Tsunami, der am 2. Weihnachtstag 2004 von einem Seebeben vor der Küste Sumatras ausgelöst wurde, tötete mehr als 230.000 Menschen.

Wirbelstürme

Tornado

Er ist der sonderbarste und unberechenbarste Landwirbelsturm der Welt. Allein in den USA fallen ihm jedes Jahr mehr als hundert Menschen zum Opfer. Sein auffälligstes Merkmal ist die Windhose, die wie ein langer, schlingernder Staubsaugerschlauch aus einer dunklen Wolke zur Erde hinunterhängt. Dieses Sturmsystem existiert kaum länger als eine halbe Stunde. In dieser Zeit aber muss man aufpassen, nicht von ihm erfasst zu werden, denn auf einer Breite von bis zu 400 Metern zerstört der Saugrüssel alles, was nicht niet- und nagelfest ist, und zieht selbst Autos nach oben. Tornados entstehen, wenn eine große, warme Luftmasse sich unter eine kalte schiebt. Wird die aufsteigende Warmluft durch Seitenwind abgelenkt, beginnt sie zu rotieren und lässt den tödlichen Sog entstehen, in dem Windgeschwindigkeiten bis zu 500 km/h herrschen (die Windgeschwindigkeit eines Orkans bei Windstärke 12 beträgt rund 120 km/h).

Hurrikane

Wirbelstürme über tropischen Meeren werden *Hurrikan* (Nordamerika), *Taifun* (Asien) oder *Willy-Willy* (Australien) genannt. Sie können sich ab einer Wassertemperatur von etwa 26 °C bilden. Enorme und extrem feuchte Luftmengen steigen dann immer schneller nach oben und formen einen rotierenden Wolkenwirbel von bis zu 900 Kilometern Durchmesser (entspricht der Entfernung Nordsee–Alpen). Die Windgeschwindigkeiten betragen bis zu 300 km/h, im »Auge« des Hurrikans – einem Dutzende Kilometer breiten, wolkenfreien Loch in der Mitte des Sturms – herrscht hingegen fast Windstille. Die größten

Schäden richten Hurrikane durch Überschwemmungen an der Küste an.
Die meisten Opfer forderte bislang der Taifun, der im November 1970 vom Indischen Ozean über das Ganges-Delta hinwegfegte. Es starben zwischen 200.000 und 300.000 Menschen.

Blizzard
Der Blizzard, ein Wintersturm, erreicht nur Geschwindigkeiten von etwa 50 km/h, was Windstärke 7 entspricht. Dafür bringt er durch den Einfluss polarer Kaltluft extreme Schneemengen aus den Polarregionen Richtung Süden, wenn er nicht vorher an einem Gebirge hängenbleibt. Besonders oft ist dies im mittleren und östlichen Nordamerika der Fall, wo innerhalb weniger Stunden mehrere Meter Schnee fallen können und gleichzeitig die Temperatur auf bis zu –25 °C fallen kann.

Dürren

Wenn es in Europa mal ein paar Wochen nicht regnet, meckern meist nur die Bauern über ihre Ernteausfälle. Wasser kommt bei uns trotzdem weiter aus dem Hahn. Bleiben übliche Regenfälle aber in ohnehin trockenen Gegenden aus, wo die Menschen arm sind und nie viel zu essen haben, kann eine Dürreperiode schnell tödliche Folgen für Tausende Menschen haben. Besonders oft ist dies in Afrika der Fall. Diese Tragödien, deren Opferzahlen alle anderen Naturkatastrophen übertreffen, werden kaum wahrgenommen. Denn bei einer Dürre bebt weder die Erde noch werden Häuser durch Wind, Wasser oder Lava zerstört. Das Einzige, was passiert, ist, dass es nicht mehr regnet.

Killer-Seen

Manchmal kann Wasser töten, ohne dass die Opfer nass werden oder das Wasser trinken müssen. Ein gespenstisches Beispiel trug sich im August 1986 an den Ufern des Nyos-Sees in Kamerun (Afrika) zu. Erst erloschen Kerzen, Gaslampen und Herdfeuer, dann fielen 1.700 Menschen und zahllose Tiere um, wurden bewusstlos und starben. Der Grund für die Katastrophe hatte sich über dem Grund des Sees gesammelt: flüssiges Kohlendioxid, entstanden durch die Fäulnisprozesse toter Pflanzen oder Fische und durch vulkanische Aktivitäten.

Wegen der großen Tiefe des Sees von bis zu 200 Metern wird das gasförmige Kohlendioxid durch den Druck flüssig (ähnlich wie bei einem Gasfeuerzeug). Wo das Wasser ständig durch saisonbedingte Temperaturschwankungen in Bewegung ist, baut sich das Kohlendioxid auf natürliche Weise ab, indem es mit dem Wasser in Höhen gespült wird, wo es wieder gasförmig wird und wie Kohlensäureperlen beim Öffnen einer Sprudelflasche nach oben steigt.

Beim Nyos-See ist dies aber nicht der Fall, weil das Wasser immer warm ist. Auslöser für die Katastrophe soll ein unterseeischer Felssturz gewesen sein, der das Kohlendioxid nach oben gewirbelt hat. Da Kohlendioxid schwerer ist als Luft, sammelte es sich direkt über der Wasseroberfläche zu einer gigantischen Giftwolke, die lautlos und unsichtbar ihren tödlichen Lauf nahm.

Klimawandel

Ein bisschen mehr Sonne und Wärme zwischen den Alpen und der Nordsee klingt eigentlich prima! Es wird auch tatsächlich immer wärmer. Leider, leider sind mit diesem Temperaturanstieg aber nicht nur Einschränkungen beim Rodeln oder Skifahren verbunden. Ein Problem ist, dass die Polkappen und Gletscher stark schmelzen – die wichtigsten Süßwasserspeicher der Erde. Der Meeresspiegel könnte stark ansteigen und den Wohnraum von Millionen von Menschen bedrohen. Schmölze das Eis der Antarktis, dem größten Süßwasserspeicher der Erde, stiege der Meeresspiegel um 60 Meter an! Zudem breiten sich bei wärmerem Klima eine Vielzahl von Krankheitserregern oder Tieren, die sie übertragen, schneller aus. Die Plage der gefährlichen Zecken zum Beispiel ist auf den Temperaturanstieg zurückzuführen. Der Mensch hat an diesem Problem einen großen Anteil. Denn durch den stark ansteigenden Energiebedarf in den letzten 100 Jahren ist durch die Verbrennung von Rohstoffen wie Öl, Kohle und Holz der Anteil eines Gases in der Atmosphäre stark gestiegen, das als Hauptverursacher für den Treibhauseffekt gilt: Kohlendioxid. Zudem schreitet die Abholzung der tropischen Regenwälder, die über ihre Blätter Kohlendioxid aufnehmen und in Sauerstoff verwandeln, ungebremst voran. Experten sagen, dass die Klimakatastrophe verhindert werden kann, wenn man den Kohlendioxidausstoß drastisch reduziert. Außerdem müssen natürliche Energiequellen wie Sonne, Wind, Wasser oder Erdwärme besser genutzt werden.

WIE DAS LEBEN AUF DIE ERDE KAM

Was ist Evolution?

Eine wissenschaftliche Theorie, die die Entstehung des Lebens erklärt. Alles Leben ist demnach aus den ersten einzelligen Organismen in den Ozeanen entstanden. Es war der englische Naturforscher Charles Darwin (1809 bis 1882), der diese Theorie entwickelte. Sie besagt, dass Organismen sich ständig körperlich ihrer Umgebung und ihren Gewohnheiten anpassen und diese Merkmale an ihre Nachkommen vererben. Darwin war es auch, der sagte, dass diese Evolution nach dem Prinzip der natürlichen Auslese funktioniert: Nur jene Lebewesen, denen diese Anpassung am besten gelingt, pflanzen sich auch dauerhaft fort. Alles Leben stammt also aus dem Wasser. Aus den Fischen haben sich die Amphibien entwickelt, die im Wasser und an Land leben können. Und aus den Reptilien sind Vögel und Säugetiere, von denen auch der Mensch abstammt, hervorgegangen. Einfach gesagt: Unsere ersten Vorfahren waren Einzeller, so banal gebaut wie eine Bakterie. Etwas genauer gesagt: Wir stammen von Affen ab.

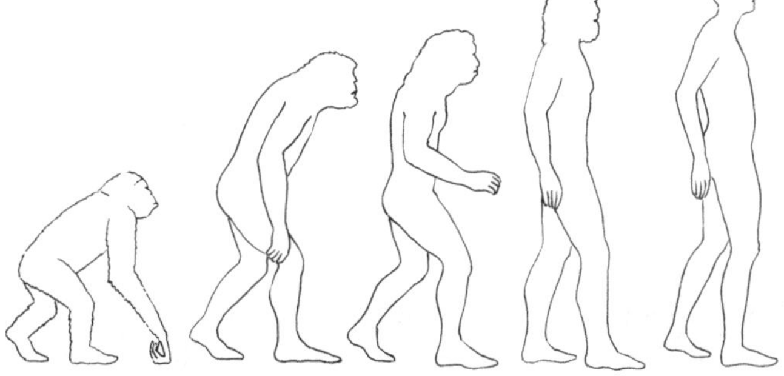

Vom Einzeller bis zum Menschen: die wichtigsten Stufen der Evolution

Vor 3,5 Milliarden Jahren
Im Wasser bilden sich die ersten lebenden Organismen in Form von Bakterien. Sie bestehen aus einer einzigen Zelle, die sich durch Teilung fortpflanzt.

Vor 2,7 Milliarden Jahren
Aus den primitiven Bakterien, Amöben und Pantoffeltierchen sind die ersten Mehrzeller wie Algen geworden. Ein großer Schritt für alle künftigen Lebewesen, denn diese Mehrzeller nutzen das Sonnenlicht und den in verschiedensten Formen vorhandenen Kohlenstoff, um zu wachsen und dabei Sauerstoff zu produzieren, der sich nun in der Atmosphäre sammelt.

Vor 600 Millionen Jahren
Der Sauerstoff in der Atmosphäre hat die Bildung komplexerer Lebensformen ermöglicht. Es gibt Quallen, Trilobiten (die man noch heute versteinert als Fossilien finden kann), Krustentiere, Kalmare und erste simple Insektenformen.

Vor 550 Millionen Jahren
Die »Kambrische Explosion«, auch »biologischer Urknall« genannt, hat begonnen. Die Bedingungen für die Bildung neuer Lebensformen sind zu Beginn des Kambriums (eine Periode des Erdzeitalters) so gut, dass die Zahl der Arten explosionsartig zunimmt.

Vor 480 Millionen Jahren
Die ersten Fische tauchen auf. Sie haben noch keine Zähne oder Flossen, aber bereits eine Art Skelett aus Knor-

peln – wie noch heute die Haie. 100 Millionen Jahre später pflügen bereits riesige Räuber wie der *Dunkleosteus* durch die Ozeane – 7 Meter lange Panzerfische mit Zähnen so groß wie Macheten und einer Beißkraft, die weder vor noch nach ihm je ein wieder Fisch erreicht hat.

Vor 350 Millionen Jahren
Die Evolution der Fische macht einen entscheidenden Sprung, und zwar aus dem Wasser: Bei einigen Arten werden aus den vier Bauchflossen langsam Beine, ihre Kiemen, mit denen sie Sauerstoff aus dem Wasser aufnehmen, verwandeln sich in Lungen. Zu diesen ersten Landwirbeltieren, Tetrapoden genannt (griechisch für Vierfüßler), gehörte zum Beispiel der *Ichtyostega*.

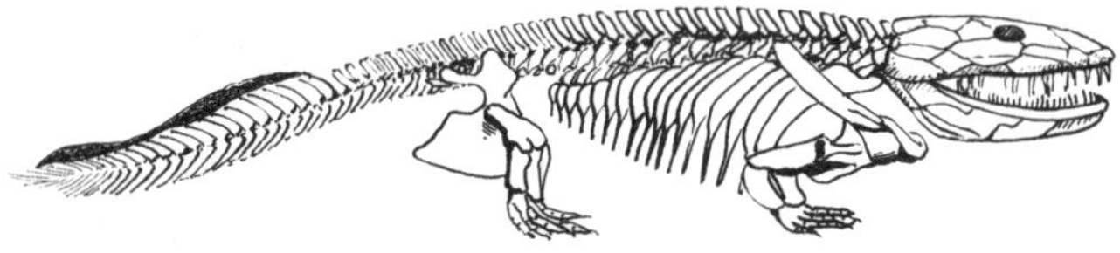

Vor 225 Millionen Jahren
Die Reptilien sind inzwischen zu richtigen Landlebewesen geworden. Das Klima kühlt sich global stark ab, aus den Kaltblütern werden Warmblüter. Die Reptilien, die für die nächsten 160 Millionen Jahre das Land beherrschen, das zunächst aus einem einzigen, großen Kontinent (Pangäa) besteht, werden von den Menschen »schreckliche Echsen« getauft, als sie deren versteinerte Überreste Millionen Jahre später finden – auf Griechisch: Dinosaurier.

Vor 180 Millionen Jahren
Der nächste Riesensprung: Aus den Warmblüter-Reptilien entwickeln sich die ersten Säugetiere. Die Weibchen

haben Brustzitzen, an denen sie ihre Jungen, die lebend geboren werden, säugen. Sie sind nicht mal so groß wie ein Meerschweinchen und verlassen ihr Versteck nur nachts.

Vor 45 Millionen Jahren
Eosimias, der kleinwüchsige, erste Primat (Menschenaffe), stapft durch Asiens Wälder.

Vor 10 Millionen Jahren
Durch eine Klimaerwarmung verlagern die Menschenaffen in Ostafrika ihr Leben immer weiter von den magerer werdenden Bäumen auf den Boden. Sie verfeinern die Techniken ihrer Nahrungsaufnahme, verweilen immer öfter im aufrechten Gang, der ihnen die Suche nach Beute über dem hohen Gras erleichtert.

Vor 4 Millionen Jahren
Die Gattung *Australopithecus* ist der erste Vormensch im aufrechten Gang. Er lebte bis vor zwei Millionen Jahren im östlichen Afrika.

Vor 1,8 Millionen Jahren
Homo erectus, der »aufgerichtete Mensch«, gilt als erster direkter Vorfahre der Menschen. Er ist schon viel schlauer

als der *Australopithecus* (sein Gehirn ist doppelt so groß), fertigt erste Werkzeuge an, entdeckt die Nutzung und das Entfachen des Feuers, vermutlich schon vor einer Million Jahre. Erobert von Afrika aus Asien und Europa. Seine Linie erlischt vor 40.000 Jahren.

Vor 200.000 Jahren
Homo sapiens, der »wissende Mensch«, hinterlässt seine ersten Spuren auf der Erde. Die Wissenschaft ist uneins darüber, ob auch er seinen Ursprung in Afrika hatte oder nicht. Dieser Hominide (Überart der Menschenaffen) ist der Einzige, der die Evolution aller Hominiden überlebt hat. Der Neandertaler, der wie der Mensch vom *Homo erectus* abstammt und in Europa 250.000 Jahre ansässig war, ist hingegen vor 30.000 Jahren verschwunden. Vor 120.000 Jahren etwa hat der *Homo sapiens* seine moderne heutige Körperform angenommen. Und wir sind seine aktuellste Variante.

DINOSAURIER

Bei all den Büchern, Filmen und Geschichten, die es heute über Dinosaurier gibt, scheint es so, als hätten die Menschen schon immer alles gewusst über die faszinierende Zeit, in der die gigantischen Lebewesen die Herren der Erde waren. Kaum vorstellbar, dass die Menschen noch vor 200 Jahren nicht den blassesten Schimmer davon hatten, dass es die Saurier je gab, geschweige denn, wann sie gelebt haben. Die Handvoll Forscher, die es besser wusste, wurde von Kollegen, Universitäten und der Kirche als Spinner abgetan, weil sie entweder neidisch auf die Entdeckungen waren oder schlicht als Gotteslästerer empfunden wurden, denn sie sprachen gegen die Schöpfungsgeschichte der Bibel. Auf diese Weise verstaubte oder verschwand so manch wertvolle Spur von den Sauriern, die ohnehin schwer zu finden sind. Denn die meisten Saurierkadaver gingen nach ihrem Tod den normalen Weg aller Lebewesen: Sie zerfielen langsam zu Staub. Nur wenige versanken in einen Sumpf oder wurden von Lawinen, Sand oder Lehm begraben, wo sie vor Sauerstoff und Bakterien geschützt konserviert und schließlich zu mineralisierten Abdrücken in Stein wurden.

Heute hingegen ist es atemberaubend, wie schnell frisch gewonnene Erkenntnisse über diese vorzeitlichen Giganten, über die wir immer noch sehr wenig wissen, überholt werden. Eine beliebte Streitfrage auf Schulhöfen heißt zum Beispiel, ob der *Velociraptor* nun Federn gehabt hat oder nicht. Galt er bis vor wenigen Jahren noch eher als eine Miniatur des *Tyrannosaurus Rex*, haben neue Funde des *Velociraptor* inzwischen bewiesen, dass es sich bei diesem Fleischfresser um einen Saurier handelte, dessen Körperbau eher einem Truthahn als einem *T-Rex* ähnelte, und dass er eindeutig Federn besaß, die ohnehin nichts anderes als weiterentwickelte Schuppen sind. Und dies wird sicher nicht die letzte Überraschung der Paläontologie (Fossilienkunde) gewesen sein.

Die Saurier-Zeit

Trias, Jura und Kreide – so nennen Wissenschaftler die drei Erdzeitalter, in denen die antiken Riesenechsen gelebt haben. Vor 225 Millionen Jahren tauchten sie auf, vor 65 Millionen Jahren verschwanden sie wieder – fast jedenfalls. Die Ausnahme bilden die direkten Nachfahren von Flugsauriern wie dem *Archaeopteryx*, die wie Säugetiere das Sauriersterben überlebten: Vögel.

Neues vom König der Dinosaurier

»Tyrannische Königsechse« lautet die wörtliche Übersetzung dieses berühmtesten aller Saurier. Und wenn auch einige Forscher behaupten, »T-Rex« sei nichts weiter gewesen als eine Art aufgeblasener Geier auf zwei zum schnellen Laufen ungeeigneten Beinen und habe sich nur von Aas ernährt, sind die meisten weiterhin davon überzeugt, dass er der gefährlichste Fleischfresser war, der je auf der Erde lebte. Das bis zu 13 Meter lange und bis 7000 Kilogramm schwere Tier trieb aber nur in den letzten drei der 160 Millionen Jahre Dinosaurier-Präsenz auf der Erde sein Unwesen. Die stärkste Waffe war sein riesiger, kalbsgroßer Kopf, in dessen Kiefern 60 dolchähnliche Zähne steckten, von denen die längsten, die Paläontologen bisher gefunden haben, fast 20 Zentimeter messen. Wenn eine dieser Waffen abbrach, wuchs sie in kurzer Zeit nach – wie bei allen anderen Sauriern auch. Als zweite Waffe hatte er den sehr massiven und langen Schwanz, den er zudem beim Laufen zum Gegensteuern bei Richtungswechseln nutzte. Anhand von Knochenwachstumsuntersuchungen, die sich selbst an den versteinerten Resten noch vornehmen lassen, fanden Forscher vor kurzem heraus, dass T-Rex in seinem Leben erst sehr spät seine volle Größe erreichte. »Sue«, wie das bislang größte, in den USA gefundene Exemplar heißt, verfünffachte ihr Gewicht erst, nachdem sie bereits 14 Jahre alt war.

Die Super-Saurier werden immer größer

Vegetarier werden größer – zumindest galt das für Dinosaurier. Die gewaltigsten von ihnen, die zur Gruppe der Sauropoden gehören, die 100 Arten umfasst, ernährten sich ausschließlich von Grünzeug. Sie hatten einen dicken, elefantenähnlichen Rumpf, einen giraffenähnlichen Hals und einen langen Schwanz, mit dem sie sich gegen Fleischfresser verteidigen konnten. Zu den größten zählen der *Diplodocus* (27 m, 80 t) und der *Brachiosaurus* (23 m). Es gibt inzwischen auch Knochenfunde von Sauropoden wie dem *Ultrasaurus* oder *Argentinosaurus*, deren Länge von einigen Paläontologen auf 50 Meter und mehr geschätzt wird. Doch diese Zahlen sind mit Vorsicht zu genießen, weil nur Fragmente wie Oberschenkelknochen gefunden wurden. Die Längen sind Schätzwerte, die aus einem Größen-Vergleich mit den Knochen eines *Diplodocus* gezogen wurden, von dem es komplette Skelettfunde gibt.

Ein Meer-Monster-Rekord

Angesichts von Zähnen so groß wie Salatgurken tauften Forscher Anfang 2008 das versteinerte Skelett eines *Pliosaurus*, das auf einer Insel des arktischen Archipels Spitzbergen gefunden worden war, ehrfurchtsvoll und einfallslos auf den Namen »Monster«. Mit einer Körperlänge von 15 Metern und seinen vier Seitenflossen, die 3 Meter lang waren, gilt der *Pliosaurus* seitdem als längster Raub-Meersaurier und verdrängt den *Kronosaurus,* der bislang als »T-Rex des Meeres« galt, auf Platz zwei.

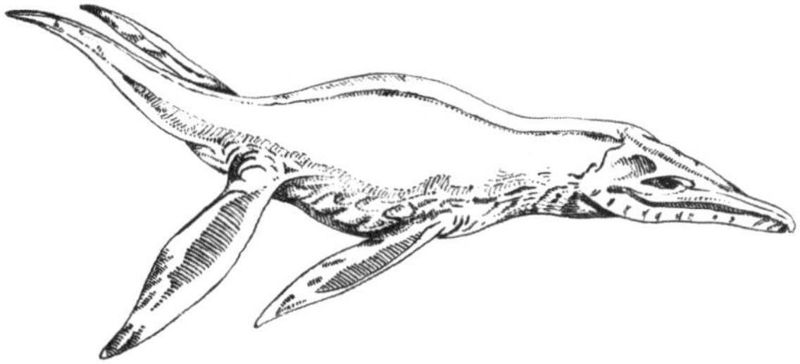

Das Rätsel vom Ende der Saurier

Warum die Dinosaurier vor 65 Millionen Jahren von der Erdoberfläche verschwanden, gehört noch immer zu den großen Geheimnissen der Saurierforschung. Man weiß, dass sich auf der Erde in jener Zeit große geologische Veränderungen vollzogen: Überall brachen Vulkane aus, vergifteten und verdunkelten die Atmosphäre und ließen die Temperaturen sinken. Die Variante eines Meteoriteneinschlags wird von vielen Wissenschaftlern bevorzugt. Auf dem gesamten Globus stießen Geologen in Gesteinsschichten, die 65 Millionen Jahre alt sind, auf Spuren eines Metalls namens Iridium, das auf der Erde äußerst selten vorkommt und in großen Mengen nur freigesetzt wird durch den Einschlag von Meteoriten. Mit Hilfe von Satelliten ist inzwischen auch ein Einschlagkrater in Mexiko gefunden worden, der zu dieser Theorie passt. Tatsache jedenfalls ist, dass im Meer 80 Prozent und an Land 50 Prozent aller Lebewesen nach diesen Ereignissen ausstarben (natürlich nicht auf einen Schlag, sondern über einen längeren Zeitraum, wahrscheinlich mehrere 100.000 Jahre). Für die Entwicklung des Menschen war das vermutlich ein Glücksfall. Denn seine Vorgänger waren zu jener Zeit maus- bis katzengroße Säugetiere, die sich vor den Sauriern in Erdhöhlen verstecken mussten und nur bei Dunkelheit auf Nahrungssuche gehen konnten, um nicht zwischen den Zähnen von prähistorischen Riesenechsen zu landen.

EISZEIT

Wenn die Temperaturen auf der Erde über einen längeren, Hunderte oder tausend Jahre dauernden Zeitraum um mehrere Grad sinken, spricht man von einer Eiszeit. Die Niederschläge fallen dann in vielen Teilen der Erde als Schnee und bilden Gletscher in den Gebirgen, gigantische Eisschelfe auf dem Flachland und dem Meer, die groß wie Kontinente und mehr als 5 Kilometer hoch werden können. Als die letzte Eiszeit, die vor 10.000 Jahren zu Ende ging, vor 20.000 Jahren ihren kältesten Punkt erreicht hatte, waren fast 32 Prozent der gesamten Erdoberfläche mit Eis bedeckt (heute: 10 Prozent). Spuren von Gletscherschliff im Oberflächengestein in Norddeutschland oder dem Central Park in New York zeigen, welch riesige Flächen die Eisdecke damals unter sich begraben hatte. Es war so viel Wasser zu Eis gefroren, dass der Meeresspiegel 130 Meter tiefer lag als heute. Und all das, weil die Durchschnittstemperatur der Erde um fünf bis sechs Grad gesunken war.

Was löste die Eiszeit aus?

In der Erdgeschichte hat es viele Eiszeiten gegeben – und zwar in ganz bestimmten, immer wiederkehrenden Zeitabständen. Wissenschaftler haben viele Faktoren ermittelt, die den Anbruch einer Eiszeit begünstigen können. Einer der wichtigsten: Die Erde verändert durch die Gravitationseinflüsse von Sonne und Mond ständig leicht ihre Position zur Sonne. Diese Schwankungen betreffen sowohl die Maximalabstände der Erde zur Sonne als auch die Neigung der Erdachse zur Bahn um die Sonne, die ausschlaggebend ist für die Einfallswinkel der Sonnenstrahlen – und damit für die Temperaturen. Vermutlich haben auch Schwankungen der Sonnenaktivität größere Auswirkungen auf das Erdklima. Diese Unregelmäßigkeiten sollen auch verantwortlich gewesen sein für einige »Klein-Eiszeiten«, die zwischen dem 16. und 18. Jh. nur wenige Jahre dauerten.

Das große Mammutsterben

Für viele Pflanzen und Tiere kamen die Temperaturveränderungen zu schnell, um sich an ihre neuen Lebensräume anzupassen – sie starben aus. Dies betraf das Mammut genauso wie den Säbelzahntiger, die beide in Europa während der letzten Eiszeit gelebt hatten. In Australien fand man Eiszeitopfer-Reste von einem Riesenkänguru, das 3 Meter groß wurde, in Nordamerika einen Biber so groß wie ein Bär und ein Riesenfaultier, das sogar 6 Meter erreichte.

Das Eis schmilzt weiter

Derzeit wird das Klima wärmer, und inzwischen sind auch die letzten Zweifler davon überzeugt, dass der Mensch durch seine Neigung, die Luft zu verschmutzen, an der Erwärmung einen gehörigen Anteil hat. Die Klimaerwärmung ließ sich selbst in Deutschland in den vergangenen 20 Jahren für jedermann wahrnehmen: Die Sommer sind heißer geworden, die Winter kürzer. Es fällt weniger Schnee, und es friert seltener. Und die Gletscher der Alpen sind in den vergangenen 150 Jahren um die Hälfte zurückgegangen. Wenn die Erwärmung so weitergeht, dann könnten sie in 100 Jahren völlig verschwunden sein.

EINHEITEN UND ABKÜRZUNGEN

1 Kilometer (km) = 1000 Meter (m)
1 Meter = 100 Zentimeter (cm)
1 Dezimeter (dm) = 10 Zentimeter (cm)
1 Zentimeter = 10 Millimeter (mm)
1 Seemeile (sm) = 1,852 Kilometer
1 Meile (mi) = 1,609 Kilometer
1 Zoll (”) = 2,54 Zentimeter

1 Quadratkilometer ist eine quadratische Fläche von einem Kilometer Kantenlänge
1 Quadratkilometer = 1.000.000 Quadratmeter (m^2)
1 Hektar (ha) = 10.000 Quadratmeter (ein Quadrat von 100 m Kantenlänge)

1 Kilo (kg) = 1000 Gramm (g)
1 Tonne (t) = 1000 Kilo
1 Zentner (Ztr.) = 50 Kilogramm
1 Pfund (Pfd.) = 0,5 Kilogramm
1 Unze (oz) = 31,25 Gramm

°C = Grad Celsius

1 Liter (l) = 1000 Milliliter (ml)
1 Hektoliter (hl) = 100 Liter
1 Gallone (US. liq.gal) = 3,785 Liter

1 Jahr = 365 Tage
1 Tag = 24 Stunden
1 Stunde = 60 Minuten
1 Minute = 60 Sekunden

km/h = Kilometer pro Stunde
Jh. = Jahrhundert
v. Chr. = vor Christi Geburt
n. Chr. = nach Christi Geburt
evtl. = eventuell
z. B. = zum Beispiel
ca. = circa